GENDER-MAINSTREAMING-PRAXIS

HEINRICH BÖLL STIFTUNG
SCHRIFTEN DES GUNDA-WERNER-INSTITUTS
BAND 7

Gender-Mainstreaming-Praxis

Arbeitshilfen zur Anwendung der Analysekategorie
«Gender-Diversity» in Gender-Mainstreaming-Prozessen

Von Angelika Blickhäuser und Henning von Bargen

Diese und weitere Arbeitshilfen und Materialien sind auf der Website des Gunda-Werner-Instituts unter **www.gwi-boell.de/Genderberatung/Gendertoolbox** oder unter **www.gendertoolbox.org** zu finden. Für Kommentare und Anregungen sind wir immer offen.

Diese Publikation wird unter den Bedingungen einer Creative-Commons-Lizenz veröffentlicht: http://creativecommons.org/licenses/by-nc-nd/3.0/de Eine elektronische Fassung kann heruntergeladen werden. Sie dürfen das Werk vervielfältigen, verbreiten und öffentlich zugänglich machen. Es gelten folgende Bedingungen: Namensnennung: Sie müssen den Namen des Autors/Rechteinhabers in der von ihm festgelegten Weise nennen (wodurch aber nicht der Eindruck entstehen darf, Sie oder die Nutzung des Werkes durch Sie würden entlohnt). Keine kommerzielle Nutzung: Dieses Werk darf nicht für kommerzielle Zwecke verwendet werden. Keine Bearbeitung: Dieses Werk darf nicht bearbeitet oder in anderer Weise verändert werden.

Gender-Mainstreaming-Praxis – Arbeitshilfen zur Anwendung der Analysekategorie
«Gender-Diversity» in Gender-Mainstreaming-Prozessen
Herausgegeben von der Heinrich-Böll-Stiftung 2009 (4., überarbeitete Auflage 2015)
Band 7 der Schriften des Gunda-Werner-Instituts

Design: feinkost Designnetzwerk, C. Mawrodiew (basierend auf Entwürfen von blotto Design)
Cover-Foto: Jens Rötzsch – Ostkreuz Agentur der Fotografen
Printing: Druckerei Arnold, Großbeeren
ISBN 978-3-86928-022-6

Bestelladresse: Heinrich-Böll-Stiftung, Schumannstr. 8, 10117 Berlin
T +49 30 28534-0 **F** +49 30 28534-109 **E** buchversand@boell.de **W** www.boell.de

INHALT

Vorwort zur 4. Auflage 9

1 Einführung **11**
   1.1 Begriffe und Definitionen 12
   1.2 Gender-Diversity-Kompetenz 21
   1.3 Von der Theorie in die Praxis 22

2 Arbeitshilfen zur Gestaltung politischer Prozesse **24**
   2.1 Gestaltung politischer Prozesse nach dem Prinzip des Gender-Mainstreaming 24
   2.2 Leitfragen zur gender-differenzierten Analyse von (politischen) Anträgen und Beschlussvorlagen 25
   2.3 Gender-Impact-Assessment (GIA) 26
   2.4 Das kleine 3 x 3 des Genderns 28
   2.5 Arbeitshilfe des BMFSFJ zu § 2 GGO der Bundesverwaltung: Gender-Mainstreaming bei der Vorbereitung von Rechtsvorschriften 29
   2.6 Leitfragen aus der Gemeinsamen Geschäftsordnung des Landes NRW 32
   2.7 Arbeitshilfe des BMFSFJ zu § 2 GGO der Bundesverwaltung «Gender-Mainstreaming in Forschungsvorhaben» 33
   2.8 Gender-Budget-Analyse 36
   2.9 Gender-Analyse eines Haushaltsplans 37
   2.10 Grundraster für eine produktbezogene Gender-Budget-Analyse in Bezirksverwaltungen (Berlin-Lichtenberg) 38
   2.11 Arbeitshilfe: Gender-Checkliste – Beispielfragen zur Einschätzung der gleichstellungspolitischen Wirkungen eines Vorhabens (Senat Berlin) 39

3 Arbeitshilfen zur Gender-Diversity-Beratung **42**
   3.1 Beratungsansatz 42
   3.2 Welche Beratung braucht die Organisation? 45
   3.3 Leitfragen zur Beratung bei der Implementierung von Gender-Mainstreaming 47
   3.4 Leitfragen zur Umsetzung von Gender-Mainstreaming im Unternehmen 48
   3.5 Leitfragen: Implementierung von Gender-Diversity in einem Unternehmen 49
   3.6 Leitfragen zur Gender-Beratung in einem Wohlfahrtsverband 50
   3.7 Leitfragen zur Beratung: Projektumfeldanalyse 51

4 Arbeitshilfen zur Anwendung von Gender im Rahmen von Organisationsentwicklung — 53

- 4.1 Gender-Analyse von Organisationen — 53
- 4.2 Kriterien einer geschlechterdemokratischen Organisation — 55
- 4.3 Leitfaden zur interkulturellen Organisationsentwicklung — 56
- 4.4 Modell einer interkulturellen Organisation — 57
- 4.5 Die Vier I: Mechanismen und Funktionsweisen von Diskriminierung — 59
- 4.6 «Männliche» und «weibliche» Organisationsprinzipien — 60
- 4.7 Gender-Diversity-Kriterien beim Neubau der Heinrich-Böll-Stiftung auf der Grundlage einer Balanced-Score-Card — 62

5 Arbeitshilfen für Hochschulen — 70

- 5.1 Leitfaden zur Entwicklung eines Hochschul-Gleichstellungsplans — 70
- 5.2 Gender-Aspekte in der Forschung: Leitfragen der Fraunhofer Gesellschaft — 71
- 5.3 Gender in der Forschung: Gender-Aktions-Plan (GAP) — 72
- 5.4 Gender in Research: Ein Forschungskreislauf — 74
- 5.5 Lehren mit Gender-Diversity-Kompetenz: Integratives Gendering — 76
  - 5.5.1 Integratives Gendering — 76
  - 5.5.2 Lehren mit Gender-Kompetenz: Geschlechtergerechte Didaktik — 76

6 Arbeitshilfen zur Anwendung von Gender-Diversity im Rahmen von Personalentwicklung — 78

- 6.1 Dimensionen von Personalentwicklung — 78
- 6.2 Leitfragen zur Erarbeitung eines gender-differenzierten Anforderungsprofils für Führungskräfte — 81
  - 6.2.1 Vier Ebenen eines Anforderungsprofils unter Gender-Diversity-Aspekten — 81
  - 6.2.2 Leitfaden: Gender-Diversity-Dimensionen von Führungsverhalten — 82
- 6.3 Leitfaden zur Entwicklung einer familienorientierten Personalentwicklung für kleine und mittlere Unternehmen — 88
- 6.4 Leitfragen zu Gender-Diversity am eigenen Arbeitsplatz — 89
- 6.5 Gender-Diversity-Check zur Vereinbarkeit von Beruf und Privatleben — 89
- 6.6 Leitfragen für gender-diversity-sensible Orientierung von Zielvereinbarungen — 92
- 6.7 Leitfragen für gender-sensible Orientierung in Mitarbeitendengesprächen — 93
- 6.8 Leitfragen: Gender-differenzierte Konfliktbearbeitung — 94
- 6.9 Gender-Mainstreaming in der Personalbeurteilung — 95
- 6.10 Prüffragen zur diskriminierungsfreien Bewertung von Tätigkeiten — 97

7 Arbeitshilfen für die Erwachsenenbildung — 99

- 7.1 Leitfragen zur politischen Bildungsarbeit aus geschlechterpolitischen Perspektiven — 99
- 7.2 Leitfragen zur gender-sensiblen Planung von Projekten der politischen Bildung — 100

7.3	Leitfragen zu Gender-Diversity im Projektmanagementprozessen	102
7.4	GOPP plus: Gender- und diversity-orientierte Projektplanung	103
7.5	Leitfragen zur gender-differenzierten Veranstaltungsplanung	104
7.6	Leitfragen zur Selbstreflexion für Dozenten und Dozentinnen	106
7.7	Leitfragen zu gender-differenzierter Öffentlichkeitsarbeit	107
7.8	Checkliste Gender-Mainstreaming bei Maßnahmen der Presse- und Öffentlichkeitsarbeit	108
7.9	Blickpunkt Gender: Leitfragen zur Mediengestaltung	110

8 Methodik und Didaktik — 111

8.1	Methoden in Gender-Diversity-Workshops der Heinrich-Böll-Stiftung	111
8.2	Checkliste für ein gender-sensibles Curriculum	113
8.3	Leitfragen zur gender-sensiblen Didaktik auf der Grundlage von fünf Dimensionen	114
8.4	Leitfaden zur gender-differenzierten Moderation	119
8.5	Checkliste zur Vermeidung sexistischer Fragen	119
8.6	Checkliste interkulturellen Lernens	120

9 Arbeitshilfen in der internationalen Zusammenarbeit — 123

9.1	Gender-Mainstreaming im Europäischen Sozialfonds	123
9.2	Leitfaden zur Integration von Gleichstellung und Gender-Mainstreaming in Interessensbekundungen des Programms «weiter bilden»	130
9.3	Leitfragen vom Verband Entwicklungspolitik Deutscher Nichtregierungsorganisationen e.V. (VENRO)	131
9.3.1	Schema eines Projektzyklus aus Gender-Perspektive	131
9.3.2	Checkliste zur Projektprüfung aus geschlechtsspezifischer Perspektive	132
9.3.3	Checkliste für eine gender-sensible humanitäre Hilfe	134
9.4	Gender-Kriterien des Bundesministeriums für wirtschaftliche Zusammenarbeit	135
9.5	Leitfäden zur Internationalen Zusammenarbeit der Heinrich-Böll-Stiftung	137
9.5.1	Gender-Kennungen für Maßnahmen und Projekte der internationalen Programme der Heinrich-Böll-Stiftung	137
9.5.2	Handreichung zum Lesen von Jahresberichten in der internationalen Zusammenarbeit (Heinrich-Böll-Stiftung)	144
9.6	Leitfragen zur allgemeinen Projektplanung	145

Literatur- und Materialhinweise — 150

Links zu Filmen/Videoclips — 152

VORWORT ZUR 4. AUFLAGE

Über Gender-Mainstreaming und die Einführung dieser Strategie in Organisationen sind in den vergangenen Jahren viele gute Publikationen erschienen. Sie beleuchten historische und politische Entwicklungen und setzen sich mit Ergebnissen der Frauen- und Geschlechterforschung sowie der Männlichkeitsforschung auseinander. Darüber hinaus stellen sie Instrumente und Methoden vor oder diskutieren theoretische wie praktische Ansätze zur geschlechtergerechten Veränderung von Organisationen und Institutionen.

In der Praxis arbeiten Frauen und Männer auf unterschiedlichen Ebenen daran, Geschlechterverhältnisse und oft damit verbundene Benachteiligungen und Diskriminierungen einer Geschlechtergruppe transparent zu machen und in Bewegung zu bringen. Dafür benötigen und nutzen sie das in den Publikationen zugänglich gemachte auf Gender und Gender-Diversity bezogene Wissen.

Wir sammeln seit Jahren Erfahrungen in Gender-Mainstreaming-Prozessen, Gender-Diversity-Workshops sowie in der Gender-Diversity-Beratung. Die vorliegende, nun in vierter und erweiterter Auflage erschienene Broschüre enthält wieder praktische Arbeitshilfen – insbesondere Checklisten und Leitfragen, mit denen wir arbeiten. Wir haben aufgrund unserer Erfahrungen in der Beratung und Ausbildung neue Leitfragen und Checklisten eingefügt, veraltete entfernt oder bestehende überarbeitet.

Jeder Gender-Mainstreaming-Prozess und jeder Gender-Diversity-Workshop läuft anders. Die Instrumente und Methoden müssen an die Organisation(-skultur) und die jeweiligen vielfältigen Zielgruppen angepasst werden. Es gibt keine fertigen Raster. Die Arbeitshilfebroschüre ist kein weiteres theoretisches Kompendium, sondern versucht praktische Hilfe für die Umsetzung und Anwendung von Gender-Diversity-Kriterien in Form von Leitfäden und Leitfragen zu geben. Wir verstehen daher diese Sammlung als Instrument und Anregung für die eigene Praxis, Gender-Diversity anzuwenden. Wir bieten hier Arbeitshilfen und Materialien an, die von den Anwenderinnen und Anwendern flexibel und kreativ genutzt werden können. Die Arbeitshilfen stammen von verschiedenen Autorinnen und Autoren, denen wir hiermit ausdrücklich herzlich danken wollen. Wir setzen ihre Arbeitshilfen teilweise modifiziert und den Interessen der jeweiligen Zielgruppen angepasst ein. Alle Autorinnen und Autoren haben wir – soweit bekannt – benannt. Falls wir jemanden vergessen haben, bitten wir dies zu entschuldigen und uns einen entsprechenden Hinweis für die Korrektur zu geben.

Wir hoffen, dass die Leserinnen und Leser die Anregungen aus den verschiedenen Arbeitshilfen aufnehmen und in ihrem Arbeitsalltag nutzen können. Für Rückmeldungen und Verbesserungsvorschläge sind wir weiterhin dankbar und nehmen diese gerne auf.

Köln und Berlin, im Dezember 2015

Henning von Bargen
Gender-Berater und Leitung Gunda-Werner-Institut in der Heinrich-Böll-Stiftung

Angelika Blickhäuser
Gender-Beraterin, Köln

1 Einführung

Die von der Europäischen Union im EU-Vertrag festgeschriebene geschlechterpolitische Strategie des Gender-Mainstreaming geht von der Prämisse aus: Gender ist ein wesentliches Kriterium bei der Lösung wirtschaftlicher, betrieblicher, sozialer, gesellschaftlicher und politischer Fragestellungen und Probleme. Gender ist damit auch ein wesentliches Kriterium im Rahmen von Organisationsentwicklung, Personalentwicklung und fachlicher Qualitätsentwicklung.

Gender ist für uns eine besonders strukturwirksame Kategorie. Sie muss z.B. nach Alter, Herkunft, Religion, sexueller Identität und Lebensweise, körperlicher Befähigung, sozialem Status/Schicht, Werthaltung, Bildungsstand, familialen Hintergründen, Lebenslagen usw. ausdifferenziert werden (Gender-Diversity). Was Geschlecht (Gender) bedeutet und wer in welcher Weise benachteiligt oder privilegiert ist, erschließt sich erst, wenn wir die Verwobenheit und Verbindung mit anderen Dimensionen sozialer Differenzierung betrachten (Intersektionalität). Wir benutzen den Begriff Gender bzw. Gender-Diversity daher immer in diesem Verständnis.

Die Einführung und Verankerung von Gender-Mainstreaming in einer Organisation ist ein weitreichender Veränderungsprozess. Veränderungen verursachen häufig Ängste und Widerstände bei den beteiligten bzw. betroffenen Führungskräften, Mitarbeiterinnen und Mitarbeitern. Wird nun Gender als Strukturmerkmal und Analysekategorie in den Vordergrund gestellt, ist darüber hinaus mit ganz spezifischen Widerständen und Ängsten zu rechnen. Gender-orientierte Veränderungsprozesse berühren neben der institutionellen und fachlichen immer auch die persönliche Ebene der handelnden Personen, ohne diese jedoch zum zentralen Punkt der Veränderungsprozesse zu machen. Daher ist es wichtig, diesen Veränderungsprozess durch interne und/oder externe gender-kompetente Expertinnen und Experten begleiten zu lassen.

Gender-Mainstreaming-Prozesse setzen in der Praxis auf verschiedenen Ebenen an und stellen entsprechend unterschiedliche Anforderungen an die Gender-Diversity Kompetenz der Beraterinnen und Berater. Wir unterscheiden daher zwischen Gender-Mainstreaming-(Implementierungs-)Beratung und Gender-Diversity-Beratung.[1]

Wir verstehen Gender als Strukturmerkmal, Analysekategorie und Handlungsaufforderung. Die Verankerung von Geschlechterfragen auf der gesellschaftlichen, der politischen, der organisatorischen und der fachlichen Ebene steht im Mittelpunkt

---

[1] Die Unterscheidung zwischen Gender-Mainstreaming-Kompetenz und Gender-Kompetenz geht unseres Wissens auf das Gender-Institut Sachsen-Anhalt (GISA) zurück. www.g-i-s-a.de (Abfrage 27.11.14)

eines gender-differenzierten Vorgehens. Dabei werden sogenannte «männliche» und «weibliche» Zugänge sowie «männlich» und «weiblich» konnotierte Strukturmerkmale in den Blick genommen.

Mit der Einführung von Gender-Mainstreaming sollen Organisationsstrukturen und Organisationskulturen unter gender-differenzierten Aspekten verändert werden. Dazu müssen immer geschlechterpolitische oder geschlechterdemokratische Ziele gesellschafts- oder organisationsbezogen formuliert und ggf. ausgehandelt werden. Diese Ziele betreffen

a) die Veränderung der Organisationskultur, d.h. die Verbindung von Geschlecht und Organisation ist herzustellen, damit Gender als strukturwirksame Kategorie in Organisationen wahrgenommen werden kann;
b) die Entscheidungsprozesse auf den unterschiedlichen Ebenen, d.h. in der Teamarbeit zwischen den vielfältigen Männern und Frauen, in den Kommunikationsstrukturen, der Teamentwicklung, der Konfliktfähigkeit und in der Projektarbeit und
c) die Qualitätsentwicklung und -verbesserung auf der fachlichen Ebene durch die Anwendung von Gender als Analysekategorie.

1.1 Begriffe und Definitionen

Die in der geschlechter- und gleichstellungspolitischen Arbeit verwendeten Begriffe werden häufig unterschiedlich gefüllt und verwendet. Im Folgenden bieten wir Definitionen und Erklärungen an, die nach unserem Verständnis passend sind und auf die wir uns selbst auch beziehen.

Gender[2]
Der Begriff «gender» bezeichnet als Konzept die soziale, gesellschaftlich konstruierte (somit herrschaftlich positionierte) Seite des Geschlechts einer Person, im Unterschied zu ihrem biologischen Geschlecht (engl. «sex») und zum sexuellen Begehren bzw. der sexuellen Lebensweise (engl. «sexuality»). Die begriffliche Differenzierung ermöglicht die Erforschung von sozialen Prozessen, welche die Geschlechterrollen, Geschlechtsidentitäten und Geschlechterverhältnisse konstruieren und somit als Ordnungsschemata zur geschlechtsspezifischen Strukturierung und Hierarchisierung des Alltags beitragen.

Als Begrifflichkeit wurde «gender» erstmals in der medizinischen Forschung zu Intersexualität in den 1960er Jahren verwendet. Ausgangspunkt war die Annahme, dass Sozialisation der Individuen für Geschlechterzugehörigkeit bzw. Geschlechtsidentität verantwortlich sei. So wurde das soziale Geschlecht («gender») im weiteren Verlauf als unabhängig vom biologischen Geschlecht («sex») betrachtet. In den 1970er Jahren wurde der englische Begriff «gender» im feministischen

---

[2] Vgl. www.uni-bielefeld.de/gendertexte/gender.html (Abfrage 27.11.2014)

Sprachgebrauch als Analysekategorie aufgenommen, um die Unterscheidung zwischen biologischem und sozialem Geschlecht zu betonen und so einen Ansatz zu entwickeln, der die Veränderbarkeit von Geschlecht in den Blickpunkt rückt: Geschlechterrollen sind kein biologisches Phänomen, sondern stellen soziale Zuschreibungen dar. Sie werden in sozialen Interaktionen und symbolischen Ordnungen konstruiert und sind damit veränderbar. Eine genaue Übertragung des Begriffs «gender» ins Deutsche ist in einem einzigen Wort nicht möglich. Gesprochen wird daher oft von gender als soziale und kulturelle Geschlechterrolle. Mit «gender» werden scheinbare geschlechtsspezifische Fähigkeiten, Zuständigkeiten und Identitäten in Frage gestellt und kritisiert – danach gibt es keine homogene Gruppe von «die Frauen» oder «die Männer» bzw. keine Definition für das, was es heißt, männlich oder weiblich zu sein.

Seit den 1990er-Jahren neu und kontrovers diskutiert wird das Verhältnis zwischen «gender» und «sex». Demnach werden auch biologische Unterscheidungen zwischen Mann- und Frausein als kulturelle Produkte analysiert und somit als Gegebenheit brüchig.

Geschlechterkonzepte[3]

Die Beachtung der drei Dimensionen von Geschlecht («gender», «sex», «sexuality») ist nicht ausreichend, um die möglichen, konkreten Bedeutungen von Geschlecht zu bestimmen. Die Dimensionen geben nur die Beobachtungsrichtung an, nicht aber die inhaltliche Ausführung. Zur inhaltlichen Konzeptionierung von Geschlecht können z.B. zwei verschiedene Perspektiven unterschieden werden: die traditionelle und die alternative.

Traditionelle Geschlechterkonzepte bezeichnen die Geschlechter als:
- dual (es gibt nur 2 Geschlechter),
- polar (Männliches ist Weiblichem entgegengesetzt) und/oder
- hierarchisch (Männliches ist Weiblichem überlegen).

Diese Konzepte beinhalten dann folgende Annahmen über die Geschlechter:

---

[3] Aus: Elisabet Gerber/Barbara Stiegler: Gender an der Macht?; Hrsg. Friederich-Ebert-Stiftung, Bonn 2009, http://library.fes.de/pdf-files/wiso/06731.pdf (Abfrage 27.11.2014)

Tabelle 1

Dimension	Traditionelle Geschlechterkonstrukte		
	dual	polar	hierarchisch
Gender	Verhalten, Fähigkeit und Positionen sind männlich oder weiblich konnotiert.	Typisch männlich ist genau das, was nicht typisch weiblich ist.	Männliches ist der allgemeine Maßstab, Weibliches die Abweichung.
Sexuality	Es gibt nur das Begehren von einem Mann zu einer Frau oder von einer Frau zu einem Mann.	Die Gegensätze der Geschlechter ziehen sich an.	Männer dürfen über weibliche Sexualität verfügen.
Sex	Es gibt nur männlich oder weiblich konnotierte Körpermerkmale, die Mann und Frau unterscheiden.	Männlich konnotierte Körpermerkmale haben eine den weiblich konnotierten entgegengesetzte Struktur.	Männlich konnotierte Körpermerkmale sind die Norm, weibliche die Abweichung.

Denkbare *alternative Geschlechterkonzepte* sind demgegenüber
- Vielfältig (es gibt mehr als 2 Geschlechter),
- Komplex (Männliches kann Weibliches durchwirken und umgekehrt) und/oder
- Egalitär (es gibt keine Über- oder Unterordnung).

Diese Konzepte beinhalten dann folgende Annahmen über die Geschlechter:

Tabelle 2

Dimension	Denkbare alternative Geschlechterkonzepte		
	Vielfältig (statt dual)	Komplex (statt polar)	Egalitär (statt hierarchisch)
Gender	Es gibt Verhaltensweisen und Fähigkeiten sowie gesellschaftliche Positionen jenseits der Männer- und Frauenrolle.	Jede gesellschaftliche Position hat männliche und weibliche Elemente.	Männlich Konnotiertes ist weiblich Konnotiertem gleichwertig.
Sexuality	Begehren zwischen Personen ist unabhängig vom Geschlecht.	Begehren kann im Verlauf des Lebens wechseln. Bisexualität ist akzeptiert.	Begehren zwischen Personen ist unabhängig vom Geschlecht gleichermaßen akzeptiert.
Sex	Jede Person hat sowohl männlich als auch weiblich konnotierte Körpermerkmale, Inter- und Transexualität gelten als «normale» Formen des Geschlechts.	Männlich und weiblich konnotierte Körpermerkmale wirken im Zusammenhang miteinander.	Männlich und weiblich konnotierte Körpermerkmale sind gleichermaßen bedeutsam.

Doing gender[4]

«‹Geschlecht› ist nicht etwas, das wir haben oder das wir sind, sondern das wir permanent tun.» (Simone de Beauvoir)

Doing Gender ist ein Analyseansatz in den Gender Studies, welcher das Geschlecht (Gender) als ein Produkt performativer Tätigkeiten auffasst, und setzt sich damit von der Vorstellung des Geschlechts als einer starren Eigenschaft ab. Das Besondere am Konzept des *Doing Gender* ist der Ansatz, den eigenen Anteil an der Herstellung von Geschlechtlichkeit zu betonen.

Doing Gender entstand in kulturvergleichenden Studien, in denen erkannt wurde, dass die sozialen Kategorien «Mann» und «Frau» sehr heterogen sind und dass es sehr wenige Eigenschaften gibt, die interkulturell geteilt werden. Demnach gilt Gender größtenteils nicht länger als eine interne Eigenschaft einer Person, wie das in Sozialisationstheorien der Fall ist. Vielmehr wird der Blick auf Interaktionen gelenkt, in denen Gender dargestellt und wahrgenommen wird.

Gender-Diversity[5]

Geschlecht (Gender) erschließt sich nur mit Blick auf weitere Dimensionen sozialer Differenzierung und Vielfalt (Diversity): Alter, biographische Erfahrungen, ethnische Herkunft, Hautfarbe, sexuelle Identität und Lebensweise, Religion, Weltanschauung, körperliche Befähigung, Behinderung, Bildungshintergrund, sozioökonomischer Status etc. Es gibt nicht «die» Frauen und «die» Männer, sondern Frauen und Männer mit vielfältigen Hintergründen und Lebenswirklichkeiten, aus denen unterschiedliche Interessen und Bedürfnisse, resultieren. Je nachdem, ob und wie gesellschaftliche Strukturen und Prozesse das berücksichtigen oder nicht, kann das zu Benachteiligungen und Privilegierungen bestimmter Gruppen und Personen führen.

Gender-Mainstreaming[6]

Gender-Mainstreaming ist die Strategie der Europäischen Union zur Verwirklichung der Chancengleichheit für Frauen und Männer. Sie geht auf die Beschlüsse und Aktionsplattform der Weltfrauenkonferenz in Peking 1995 zurück. Gender-Mainstreaming (= Gender in den «Hauptstrom» bringen) bedeutet, soziale Ungleichheiten zwischen Frauen und Männern in allen Bereichen, Entscheidungsprozessen, Vorhaben und Maßnahmen bewusst wahrzunehmen und von vornherein zu berücksichtigen.

Gender-Mainstreaming ist als geschlechterpolitische Strategie ein Weg zu mehr Geschlechterdemokratie, Geschlechtergerechtigkeit oder Chancengleichheit für Frauen und Männer. Wie diese geschlechterpolitischen Ziele definiert und inhaltlich gefüllt werden, darüber muss weiterhin auf den unterschiedlichsten politischen Ebenen gestritten werden.

Die Strategie des Gender-Mainstreaming beruht auf der Grundannahme, dass sich Lebenssituationen von Männern und Frauen (in ihrer Vielfalt) unterscheiden.

---

4   Vgl. Wikipedia https://de.wikipedia.org/wiki/Doing_Gender (Abfrage 27.11.2014)
5   Vgl. Blickhäuser/von Bargen: Mehr Qualität durch Gender-Kompetenz, Ulrike Helmer Verlag 2006
6   Ebd.

Gründe hierfür liegen unter anderem in gesellschaftlichen und kulturellen Entwicklungen, wie beispielsweise die geschlechtliche Arbeitsteilung. Die bestehenden Geschlechterverhältnisse in Gesellschaft und Organisation können jedoch beeinflusst und verändert werden. Diese Veränderungen können sich wiederum positiv auf Organisationen und die Gesellschaft auswirken.

Inklusion[7]

Die Forderung nach **Sozialer Inklusion** ist verwirklicht, wenn jeder Mensch in seiner Individualität von der Gesellschaft akzeptiert wird und die Möglichkeit hat, in vollem Umfang an ihr teilzuhaben oder teilzunehmen. Unterschiede und Abweichungen werden im Rahmen der sozialen Inklusion bewusst wahrgenommen, aber

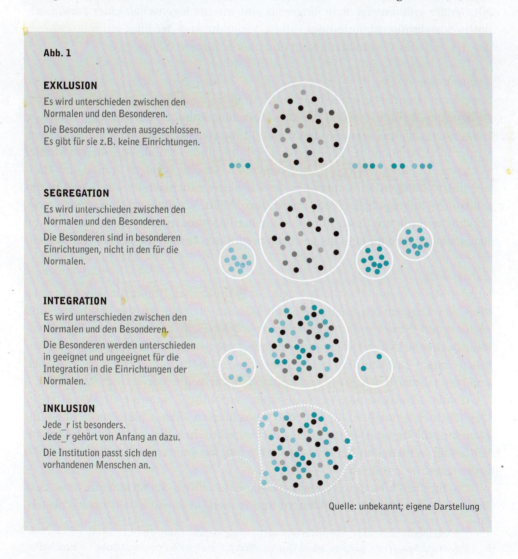

Quelle: unbekannt; eigene Darstellung

---

[7] Vgl. Wikipedia https://de.wikipedia.org/wiki/Soziale_Inklusion (Abfrage 27.11.2014)

in ihrer Bedeutung eingeschränkt oder gar aufgehoben. Ihr Vorhandensein wird von der Gesellschaft weder in Frage gestellt, noch als Besonderheit gesehen. Das Recht zur Teilhabe wird sozialethisch begründet und bezieht sich auf sämtliche Lebensbereiche, in denen sich alle barrierefrei bewegen können sollen. Inklusion beschreibt dabei die Gleichwertigkeit eines Individuums, ohne dass dabei (meist durch die Mehrheitsgesellschaft definierte) Normalität vorausgesetzt wird. Normal ist vielmehr die Vielfalt, das Vorhandensein von Unterschieden. Die einzelne Person ist nicht mehr gezwungen, nicht erreichbare Normen zu erfüllen, vielmehr ist es die Gesellschaft, die Strukturen schafft, in denen sich Personen mit anderen Befähigungen und Besonderheiten einbringen und auf die ihnen eigene Art wertvolle Leistungen erbringen können. Ein Beispiel für Barrierefreiheit ist, jedes Gebäude rollstuhlgerecht zu gestalten. Aber auch Barrieren im übertragenen Sinn können abgebaut werden, beispielsweise indem ein sehbehinderter Mensch als Telefonist_in oder als Sänger_in arbeitet.

Eine zentrale Bedeutung hat das Prinzip der Sozialen Inklusion in der UN-Behindertenrechtskonvention. In der Präambel wird auch die Zielsetzung eines verstärkten Zugehörigkeitsgefühls («enhanced sense of belonging») aufgeführt. Hiermit hat ein neuer Begriff Eingang in die Menschenrechtsdiskussion gefunden, der gegen die Unrechtserfahrung gesellschaftlicher Ausgrenzung eine freiheitliche und gleichberechtigte soziale Inklusion einfordert.

Integration[8]

Der Begriff **Integration** bedeutet in der Soziologie zum einen die Ausbildung einer Wertgemeinsamkeit mit einem Einbezug von Gruppierungen, die zunächst oder neuerdings andere Werthaltungen vertreten. Zum anderen sind damit Lebens- und Arbeitsgemeinschaften gemeint, die Menschen einbeziehen, die aus den verschiedensten Gründen von dieser ausgeschlossen (exkludiert) und teilweise in Sondergemeinschaften zusammengefasst waren.

Der Prozess der Integration z.B. von Menschen mit einem Migrationshintergrund besteht aus Annäherung, gegenseitiger Auseinandersetzung, Kommunikation, Finden von Gemeinsamkeiten, Feststellen von Unterschieden und der Übernahme gemeinschaftlicher Verantwortung zwischen Zugewanderten und der anwesenden Mehrheitsbevölkerung. Im Gegensatz zur Assimilation (völlige Anpassung), verlangt Integration nicht die Aufgabe der eigenen kulturellen Identität.

Diversity[9]

Diversität ist ein Konzept der Soziologie, das in der deutschen Wirtschaft und Gesellschaft, analog zum Begriff Diversity im englischsprachigen Raum, für die Unterscheidung und Anerkennung von Gruppen- und individuellen Merkmalen benutzt wird. Häufig wird der Begriff Vielfalt anstelle von Diversität benutzt. Diversität von Personen – sofern auch rechtlich relevant – wird klassischerweise auf folgenden

---

8   Vgl. Wikipedia https://de.wikipedia.org/wiki/Integration_(Soziologie), (Abfrage 27.11.2014)
9   Vgl. Wikipedia https://de.wikipedia.org/wiki/Diversit%C3%A4t_%28Soziologie%29 (Abfrage 27.11.2014)

Dimensionen betrachtet: Kultur (Herkunft), Alter, Geschlecht, sexuelle Orientierung, Behinderung, Religion (Weltanschauung). Weniger ins Auge fallen eine große Zahl weiterer sozialisationsbedingter und kultureller Unterschiede wie Arbeitsstil, Wahrnehmungsmuster, Dialekt usw., die die Diversität einer Gruppe weiter erhöhen und kontextabhängig ebenfalls der Aufmerksamkeit und ggf. der sozialen Anerkennung bedürfen.

Das Konzept Diversity hat seinen Ursprung in der Bürgerrechtsbewegung der USA, die gegen die Benachteiligung von Schwarzen gekämpft hat. Diversität steht damit für die Herstellung von Chancengleichheit von Gruppen, die nach bestimmten Merkmalen benachteiligt werden. Daraus entstand in den USA das Antidiskriminierungsgesetz und die Affirmative Actions zur Förderung benachteiligter Gruppen (Rasse, Geschlecht, Hautfarbe, nationale Herkunft, Alter, Behinderung oder Religion).

Seit dem Ende der 1990er Jahre wird das Konzept auch von der Europäischen Union als Leitbild verwendet. In der deutschen Gesetzgebung sind seit 2006 die Aspekte der Vielfalt im «Allgemeinen Gleichbehandlungsgesetz» berücksichtigt mit dem Ziel, Benachteiligungen aus Gründen der Herkunft («Rasse»), Hautfarbe, Geschlecht, Religion oder Weltanschauung, Behinderung, Alter, sexuelle Identität zu verhindern oder zu beseitigen.

Diversity-Management – Managing Diversity[10]

Wir verstehen unter Diversity die Vielfalt dessen, worin sich Menschen unterscheiden oder ähneln, also die Summe von Unterschieden und Gemeinsamkeiten. Die individuellen Unterschiede der Menschen stehen dabei im Mittelpunkt der Betrachtung. Der Grad dieser Vielfalt kann unterschiedlichste Dimensionen beinhalten, z.B. Alter, Herkunft, sexuelle Orientierung, Religion und körperliche Befähigung. Wenn Diversity in Unternehmen ökonomisch oder personalpolitisch genutzt werden soll, bedarf es eines entsprechenden Konzeptes der Unternehmensführung, wie diese Vielfalt gehandhabt werden kann. Es geht darum, die existierende Vielfältigkeit und die potentiellen Gemeinsamkeiten wahrzunehmen, zu verstehen, wertzuschätzen und nicht zuletzt optimal zu managen.

Managing Diversity arbeitet daher mit einem sehr weit gefassten Begriff von Multikulturalität, der z.B. Dimensionen wie Herkunft, Hautfarbe, Geschlecht, Religion, Alter, körperliche Befähigung oder sexuelle Orientierung umfasst. Individuen werden nicht isoliert, sondern in ihrem jeweiligen sozialen Kontext betrachtet. Dieser Begriff von Multikulturalität beinhaltet, dass die Mitglieder einer sozialen Gruppe je eine eigene Wertegemeinschaft teilen und entsprechende Kommunikations- und Interaktionsmuster entwickelt haben, die sie verbinden. Ziel des Managing-Diversity-Ansatzes ist ein Perspektivenwechsel: Mitglieder unterschiedlicher Gruppen sollen sich in die jeweils andere Gruppe hineinversetzen können. Dies gelingt durch Sensibilisierung, Wertschätzung und Offenheit für die Vielfalt der Sicht- und Lebensweisen.

---

10 Vgl. Blickhäuser/von Bargen: Mehr Qualität durch Gender-Kompetenz, Ulrike Helmer Verlag 2006

Managing Diversity will die Vielfalt von Lebens- und Berufserfahrungen, Sichtweisen und Werten in das Berufsleben integrieren. Als Personalentwicklungsstrategie zielt es darauf ab, diese Vielfalt systematisch wahrzunehmen, bewusst anzuerkennen und daraus einen Nutzen für das Unternehmen zu ziehen: z.B. auf der personalen Ebene, aber auch durch die spezifisch auf Kundinnen und Kunden zugeschnittene Vermarktung von Produkten.

Verhältnis Gender-Mainstreaming zu Managing Diversity[11]

Managing-Diversity und Gender-Mainstreaming können sinnvoll miteinander verknüpft werden, denn sie haben nicht unerhebliche Gemeinsamkeiten:

- beide setzen auf differenzierte Wahrnehmung, aber «Gender» benennt das Geschlecht als die strukturwirksamere Kategorie und differenziert erst dann nach Herkunft, sexueller Identität, sozialer Lage oder Befähigung bzw. Behinderung;
- beide benennen soziale Strukturen, die Menschen prägen;
- beide können gegen Diskriminierung wirken.

Es gibt aber auch in der bisherigen Praxis bedeutende Unterschiede. Gender-Mainstreaming zielt nicht nur auf Modernisierung, sondern vor allen Dingen auf Gleichstellung von Frauen und Männern in ihrer Vielfalt. Managing Diversity stellt dagegen den ökonomischen Nutzen deutlich in den Vordergrund und richtet sich im Gegensatz zu Gender-Mainstreaming nicht immer eindeutig gegen Diskriminierung.

Managing Diversity orientiert sich meist primär an den Anforderungen der Ökonomie und den Zielen des Unternehmens, während Gender-Mainstreaming diese Ziele beeinflussen und verändern kann. Es wird meist nicht als Gemeinschaftsaufgabe verstanden, während Gender-Mainstreaming die systematische Anerkennung der Vielfalt ebenso wie die Orientierung auf Gleichstellung als Aufgabe aller Mitarbeiter_innen von Organisationen und Unternehmen versteht.

Für uns stellen Gender-Mainstreaming und Managing-Diversity keine Gegensätze dar. Gemeinsame Ansatzpunkte finden sich insbesondere dann, wenn die (sozial) politische Dimension mit einbezogen wird und sich die anti-diskriminierenden Perspektiven des Managing Diversity mit der gender-bezogenen Kritik an hegemonialen Strukturen und den Konstruktionsmechanismen von Herrschaft und Dominanz verknüpfen. Wird die soziale Kategorie Gender nicht exklusiv, sondern relativ in Bezug zu anderen Kategorien sozialer Differenzierung (Alter, Klasse, Religion, etc.) gesehen, dann erscheinen Männer und Frauen in diversen Konstellationen von Gleichheit und Ungleichheit. Wichtig ist es uns, zu betonen, dass wir Gender als die eine wesentliche strukturwirksame Kategorie ansehen. Ein Blick auf Diversity, der Gender außer Acht lässt oder vernachlässigt, greift immer zu kurz.

---

11 Ebd.

Geschlechterdemokratie

Geschlechterdemokratie ist ein Leitbild der Heinrich-Böll-Stiftung. Sie gilt als gesellschaftspolitische Vision und als Organisationsprinzip gleichermaßen. Geschlechterdemokratie als normativer Begriff deklariert die Herstellung demokratischer Verhältnisse zwischen Frauen und Männern zum politischen Ziel. Die politischen Partizipationschancen und die gesellschaftliche Ressourcenverteilung zwischen Frauen und Männern sollen verbessert werden. Undemokratische Strukturen in privaten Verhältnissen sollen verändert und explizit gewaltförmige Herrschaftsausübung von Männern über Frauen soll abgebaut werden. Demokratie wird hier in einem erweiterten Sinne gebraucht: Gleiche Rechte und Chancen für Verschiedene werden anerkannt.

Geschlechterdemokratie als visionäres Ziel bedeutet,

- dass eine Vielzahl von geschlechtlichen Identitäten besteht und anerkannt wird, statt exklusiv von der Bipolarität Mann/Frau auszugehen;
- dass, unabhängig von Geschlechtszuschreibungen, jeder Mensch die Chance hat, Beziehungen und interaktive Situationen zu gestalten, weil diese nicht durch geschlechtsspezifische Macht- und Herrschaftsmechanismen gekennzeichnet sind;
- dass sich symbolische Geschlechterordnungen durch eine Vielzahl von Leitbildern und Lebensentwürfen auszeichnen, die als gleichwertig betrachtet werden und nicht von Ausgrenzungen, Stereotypen und Klischees über «die» Männer und «die» Frauen geprägt sind;
- dass unabhängig von Geschlechtszuschreibungen Chancengleichheit besteht und gesellschaftliche Verhältnisse nicht durch patriarchale Strukturen bestimmt werden, so dass es keine Zuweisung von Positionen, Arbeit oder Macht über das Geschlecht gibt.

Die gleiche Teilhabe von Frauen und Männern an politischen Entscheidungsprozessen und der gleiche Zugang zu Ressourcen bedeutet in demokratischen Systemen auch eine Veränderung der bestehenden Machtverhältnisse.

Macht wird positiv als Zugangs- und Kontrollrecht über Ressourcen sowie als Entscheidungs- und Gestaltungsmöglichkeit im öffentlichen Raum (Politik, Wirtschaft, Wissenschaft, Kultur etc.) ebenso wie im privaten Bereich (Familie, Paar- bzw. zwischenmenschliche Beziehungen, Haushalt etc.) definiert. Daraus leitet sich keine Herrschaft über andere ab. Alle Geschlechter sollen die Fähigkeit und die strukturellen Möglichkeiten haben, zu handeln, zu verhandeln, zu definieren, zu entscheiden, zu gestalten und auszugleichen.

Geschlechterdemokratie wird folglich auf der politisch-gesellschaftlichen Ebene, auf der Organisationsebene und auf der Ebene der handelnden Personen angestrebt und umgesetzt werden.

Die Herstellung von geschlechterdemokratischen Verhältnissen bedeutet auch auf der gesellschaftlichen Ebene die Ablösung «hegemonialer Männlichkeit» als dominantes Strukturierungsmuster, das sich auf der Organisationsebene beispielsweise in den Karrieremustern vieler Unternehmen und Institutionen zeigt. So gelten für Frauen und Männer immer noch Leistungsnormen und Anforderungsprofile, die sich an einer hegemonial-männlichen Lebensbiographie ausrichten und die oftmals auf der Abwertung weiblich konnotierter Kompetenzen oder Tätigkeiten basieren.

Die konzeptionelle Arbeit am Leitbild Geschlechterdemokratie ist ein prozess- und praxisorientiertes Vorgehen auf der politisch-gesellschaftlichen Ebene. Diese Arbeit soll einen Beitrag zur Umgestaltung von Politik sowie zur Reorganisation von Institutionen und Organisationen leisten: Geschlechterfragen werden als wesentliche Strukturierungsmerkmale von Politik und Gesellschaft angesehen.

1.2 Gender-Diversity-Kompetenz

Gender-Mainstreaming-Prozesse setzen in der Praxis auf verschiedenen Ebenen an und stellen entsprechend unterschiedliche Anforderungen an die Gender-Diversity-Kompetenz der Beraterinnen und Berater. Wir unterscheiden zwischen *Gender-Mainstreaming-(Implementierungs-)Beratung*, die Gender-Mainstreaming-Kompetenz z.B. für die Gestaltung von Organisationsentwicklungsprozessen verlangt und *gender-diversity-orientierter* Fach- und Projektberatung, deren Grundlage Gender-Diversity-Kompetenz ist.

Die Beratung wird spezifisch an die jeweilige Organisation angepasst. Grundlage sind dabei Ergebnisse der Geschlechterforschung und Erfahrungen aus der Gender-Mainstreaming-Beratungspraxis.

Gender-Kompetenz ...[12]

... ist die Fähigkeit, Geschlechteraspekte und die Potentiale, die in der Vielfalt von Menschen begründet sind, zu erkennen und im eigenen Wirkungsbereich mit den Zielen Chancengleichheit, Geschlechterdemokratie und Integration zu verbinden.

Gender-Kompetenz betrifft dabei drei Ebenen:

- das **Wollen**: politischer Wille, Selbstreflexivität und eigene Haltung
- das **Wissen** über fachliche Gender-Aspekte und die vielfältigen und unterschiedlichen Lebenslagen von Frauen und Männern
- das **Können**, d.h. die Fähigkeit zur Umsetzung des Wissens in geschlechtergerechtes (Verwaltungs-)Handeln

---

[12] Vgl. www.genderkompetenz.info/genderkompetenz-2003-2010/gender/genderkompetenz/?searchterm=Genderkompetenz

Gender-Diversity-Kompetenz umfasst:

- Reflexionsfähigkeit, bezogen auf die eigenen Geschlechter(-rollen)-identitäten, Entwicklung einer eigenen Haltung, bezogen auf Geschlechterrollen in ihrer Vielfalt;
- Reflexionsfähigkeit, bezogen auf gesellschaftliche Geschlechterrollen-(bilder) in Verbindung mit Vielfaltskriterien (Gender als soziale Kategorie)
- Wissen über das Entstehen von Geschlechterrollen(-bildern) und das komplexe Zusammenwirken verschiedener sozialer Differenzierungsmerkmale mit den Faktoren Geschlecht, Alter, sexuelle Orientierung, körperliche Befähigung, Behinderung, Herkunft, Bildungsstand, sozio-ökonomischer Status;
- Wahrnehmung von Geschlechterrollen in ihrer Vielfalt im jeweilgen sozio-kulturellen Umfeld (Gender als soziale Kategorie – personale Gender-Kompetenz);
- Wissen über die komplexen Strukturen von Geschlechterverhältnissen in Gesellschaft, Politik, Verwaltung und Organisation – strukturelle Gender-Kompetenz;
- Kenntnis der unterschiedlichen Rahmenbedingungen und Voraussetzungen der Lebenswelten und -wirklichkeiten, in denen Männer und Frauen in ihrer Vielfältigkeit und Differenziertheit leben (Gender-Diversity), Fähigkeit zum Perspektivenwechsel;
- Fähigkeit, Gender-Diversity am Arbeitsplatz anzuwenden, d.h. Veränderungen umzusetzen (Transferfähigkeit).

1.3 Von der Theorie in die Praxis

Die Einführung und Umsetzung von Gender-Mainstreaming erfordert ein hohes Maß an Gender-Diversity Kompetenz bei Führungskräften und Mitarbeiterinnen und Mitarbeitern der Organisation. Gender-Diversity-Kompetenz sollte daher im Rahmen des Implementierungsprozesses von Anfang an entwickelt und gestärkt werden.

Wir bieten daher Gender-Beratung und Gender-Workshops an. In den Gender-Workshops arbeiten wir als Gender-Team, mit einem sachbezogenen Ansatz, mit Methoden des Perspektivenwechsels und gender-dialogisch. Das bedeutet, die vielfältigen Perspektiven von Männern und Frauen zu zeigen, zu hören und mit Respekt auf die Vielfalt in Gruppe und Team einzugehen. Ziel ist, den Geschlechterdiskurs von der ideologischen auf eine fachlich/sachbezogene Ebene zu ziehen, ohne jedoch Methoden und Ansätze der Selbstreflexion zu vernachlässigen.

Organisationen müssen in der Lage sein, Gender-Perspektiven auf allen Ebenen, d.h. der Organisationsebene, Personalebene und Fach- bzw. Projektebene, umzusetzen. Sie beziehen dabei Ergebnisse und Erfahrungen gender-bezogener Forschung, Beratung und Bildung in die eigene fachliche und berufliche Arbeit konsequent mit ein. Die dazu notwendige Gender-Diversity-Kompetenz wird durch Gender-Diversity-Workshops, Gender-Beratung und fachliche Anwendungsberatung vermittelt.

Gender anwenden bedeutet, die eigene Arbeit – unabhängig von der jeweiligen Ebene – gender-sensibel anzugehen. Dazu können Checklisten und Leitfäden als Hilfestellung verwendet werden. In den weiteren Kapiteln haben wir vielfältige Leitfäden und Checklisten zusammengestellt. Diese sollen als Anregung zur Anwendung im eigenen Bereich dienen.

In der Regel sind diese Leitfragen und Checklisten nach der Teilnahme an einem einführenden Workshop eigenständig anwendbar, gleichwohl kann es auch sinnvoll sein, eine Gender-Diversity Beratung oder ein Coaching in Anspruch zu nehmen.

2 Arbeitshilfen zur Gestaltung politischer Prozesse

2.1 Gestaltung politischer Prozesse nach dem Prinzip des Gender-Mainstreaming[13]

Tabelle 3

Schritte	Voraussetzungen (*)
Definition der gleichstellungspolitischen Ziele Welcher Soll-Zustand wird durch das zu entscheidende Vorhaben angestrebt?	■ Kenntnisse über den Ist-Zustand ■ Zugrundelegen einschlägiger Rechtsnormen und Programme ■ Koordinierung mit allen betroffenen Bereichen
Analyse der Probleme und der Betroffenen Welches sind die Hemmnisse auf dem Weg zu mehr Chancengleichheit oder Geschlechterdemokratie?	■ Wissen über gender-differenzierte Zugänge ■ Zuarbeit und Unterstützung, z.B. durch Gutachten, Materialien, Schulungen
Entwicklung von Optionen/Lösungsmöglichkeiten Welche Alternativen bestehen hinsichtlich der Realisierung?	Wie oben
Analyse der Optionen in Hinblick auf die voraussichtlichen Auswirkungen auf die Gleichstellung Welche Option lässt den höchsten Zielerreichungsgrad erwarten?	■ Analyse- und Bewertungskriterien (siehe unten)
Umsetzung der getroffenen Entscheidung	
Erfolgskontrolle und Evaluation Wurden die Ziele erreicht? Welches sind die Ursachen für die Nichterreichung bzw. Teilerreichung? Welche weiteren Maßnahmen sind notwendig?	■ Daten über die Zielerreichung ■ Berichtssystem ■ Verpflichtende Ursachenanalyse

(*) erforderliche Ressourcen und Fachkenntnisse werden durchgängig vorausgesetzt

---

[13] Darstellung nach Karin Tondorf, in: Gender-Mainstreaming – Informationen und Impulse, Niedersächsisches Ministerium für Frauen, Arbeit und Soziales (Hg.), Hannover 2001; ergänzt: A.B. und H.v.B., Nov. 2014

Prüfkriterien und Prüffragen zu den voraussichtlichen Auswirkungen von Optionen auf die Gleichstellung von Frauen und Männern

Tabelle 4

Gleichstellung hinsichtlich verschiedener Ressourcen:	Inwieweit fördern die jeweiligen Optionen die Gleichstellung von Frauen und Männern in ihrer Vielfalt bezogen auf: ■ Einkommen und Vermögen ■ Bildung und Ausbildung ■ Berufsausübung, berufliche Weiterentwicklung, Aufstieg ■ Zeitressourcen ■ Informationen ■ technische Ressourcen ■ Gesundheitsversorgung ■ Erholung ■ Mobilität ■ Persönlichkeitsentwicklung etc.
Gleichstellung hinsichtlich der Beteiligung an Entscheidungen:	Inwieweit fördern die jeweiligen Optionen eine ausgewogene Mitwirkung von Frauen und Männern in ihrer Vielfalt an Entscheidungsprozessen?

2.2 Leitfragen zur gender-differenzierten Analyse von (politischen) Anträgen und Beschlussvorlagen[14]

Tabelle 5

Fachressort	■ Welches Fachressort ist verantwortlich? ■ Welche gender-bezogene Fachkompetenz ist vorhanden, um Gender-Diversity Analysen durchzuführen? ■ Ist die Beteiligung der internen Gleichstellungsbeauftragten geklärt? ■ Gibt es eine_n Gender-Beauftragte_n? Ist deren Rolle und Funktion geklärt?
Gender-Diversity Analysen	■ Auf welchen gender-differenziert erhobenen Daten beruht die politische Maßname? ■ Wer macht was? (Analyse der Arbeitsteilung) ■ Wer hat Zugang zu was? (Analyse der Ressourcen) ■ Wer kontrolliert was? (Analyse der Kontrolle über Ressourcen) ■ Wer entscheidet was? (Analyse der Entscheidungsprozesse) ■ Wer braucht was? (Analyse der verschiedenen Bedürfnisse)
Zielgruppen	■ Auf welche Zielgruppen ist die politische Maßnahme ausgerichtet? ■ Welche Daten zur geschlechtsdifferenzierten Auswertung der Zielgruppen stehen zur Verfügung? ■ Gibt es unter den Zielgruppen begünstigte Männer oder Frauen(-gruppen)? ■ Womit begründen Sie ggf. Begünstigungen? ■ Wenn Prioritäten bei der Auswahl gesetzt werden müssen, wie begründen Sie diese?
Auswertung	■ Entwicklung von Maßnahmen innerhalb des vorliegenden Antrages zur Weiterentwicklung von Geschlechterdemokratie nach Vorschlägen aus dem Fachreferat ■ Rahmenbedingungen und Unterstützungsbedarf klären

14 Quelle unbekannt

2.3 Gender-Impact-Assessment (GIA)[15]

Als Instrument zur Ex-ante-Abschätzung möglicher geschlechtsspezifischer Effekte geplanter Maßnahmen – beispielsweise der Erlass von Gesetzen – wurde in den Niederlanden das Instrument des Gender Impact Assessment (GIA) entwickelt. Das Bundesumweltministerium (BMU) hat dieses Instrument weiterentwickelt und für den Einsatz in der Bundesverwaltung optimiert. Das GIA geht bei der Beschreibung der Geschlechterverhältnisse von drei grundlegenden Aspekten aus:

- Strukturen: Wo materialisieren sich die ungleichen Kräfteverhältnisse zwischen Frauen und Männern in ihrer Vielfalt?
- Prozesse: Wie werden die ungleichen Geschlechterverhältnisse produziert und reproduziert?
- Kriterien: Wie können diese bewertet werden?

Fünf Schritte einer Gender-Impact-Analyse

1. Beschreibung der aktuellen Situation von Frauen und Männern in ihrer Vielfalt
2. Darstellung der zu erwartenden Entwicklung ohne die neue politische Maßnahme
3. Detaillierte Analyse der neuen Maßnahme
4. Analyse und Beschreibung möglicher Effekte auf das Geschlechterverhältnis
5. Evaluation der positiven und negativen Effekte

Das Prüfverfahren im Geschäftsbereich des BMU erfolgt in den drei Stufen Relevanzprüfung, GIA-Hauptprüfung und Bewertung:[16]

---

[15] Vgl. Peter Döge: Gender-Mainstreaming als Modernisierung von Organisationen, IAIZ-Schriften Band 2, 2002, S. 32f

[16] Vgl. www.bmub.bund.de/fileadmin/bmu-import/files/pdfs/allgemein/application/pdf/gia_abschlussbericht.pdf (Abfrage 27.11.2014); Ergänzung um «Vielfalt» durch Angelika Blickhäuser und Henning von Bargen, 2014

Tabelle 6

	Beschreibung der Maßnahme
1. Relevanzprüfung (Vorprüfung)	a) Auf welchen Sachverhalt bezieht sich die Relevanzprüfung? b) Welche Maßnahme ist beabsichtigt?
Feststellung der Relevanz von Geschlechterfragen	a) Werden von der Maßnahme, oder von Teilen davon, Personen unmittelbar betroffen, d.h.: Welches sind die Zielgruppen einer Maßnahme? Und in welchen Bereichen sind Männer und Frauen betroffen, z.B. Familie, Beruf, Freizeit? b) Mittelbar betroffen sind Personengruppen, die nicht Zielgruppe einer Maßnahme sind, auf die die Maßnahme aber Auswirkungen im täglichen Leben hat. Auch hier ist die Art der Betroffenheit festzustellen. c) Ausmaß der Betroffenheit von Männern und Frauen feststellen: Zahl der betroffenen Frauen, Grad der Betroffenheit. Wie gravierend ist die Auswirkung? d) Falls das Ausmaß der Betroffenheit von Männern und Frauen bekannt ist: Sind diese unterschiedlich betroffen? Worin bestehen die Unterschiede? Haben sie unterschiedlichen Zugang zu Informationen? Haben sie unterschiedliche Zugänge zu Entscheidungsprozessen? Zur Kommunikation?
Ergebnis der Relevanzprüfung	Ist eine Gender-Impact-Prüfung durchzuführen?
2. Gender Impact Assessment (Hauptprüfung)	a) Welche umweltpolitischen Ziele hat die Maßnahme und wie begründen sich diese? b) Welche Daten und/oder Forschungsergebnisse liegen der Maßnahme zugrunde; sind sie geschlechtsspezifisch differenziert? c) Welche Instrumente dienen der Zielerreichung? (detaillierte Beschreibung) d) Wer sind die Akteur/innen bei der Gestaltung der Maßnahme? Welche Einflussmöglichkeiten hat das BMU? e) Welche fachlichen Alternativen/Varianten sind mit welchem Ergebnis geprüft worden?
Analyse der Gender-Aspekte der Maßnahme	a) Werden von der Maßnahme gleichstellungspolitische Ziele berührt? b) Welche Gender-Auswirkungen (Haupt- und Nebenwirkungen) wird die geplante Maßnahme haben? c) Welche Personengruppen sind unmittelbar und mittelbar betroffen? (Detaillierte Beschreibung) d) Welche relevanten Gruppen sind in welcher Form und zu welchem Zeitpunkt hinsichtlich der Gender-Aspekte einzubeziehen?
Ergebnis der Hauptprüfung	a) Ergebnis der hausinternen Prüfung in Bezug auf die Gender-Relevanz b) Ergebnisse der Konsultationen mit den gesellschaftlich relevanten Gruppen c) Ergeben sich Zielallianzen oder Zielkonflikte? d) Welche Gender-Relevanz hätten die Alternativen/Varianten?
3. Bewertung und Votum	a) Abwägung der Umweltziele und der analysierten Gender-Aspekte einschließlich einer Bewertung der Alternativen/Varianten. Votum. b) Maßnahmen zur Verbesserung der Datenlage c) Gesamtvotum einschließlich Lösungsvorschlag, ggf. Benennung von Verbesserungsmöglichkeiten in Bezug auf die Maßnahme Im Votum ist zu bewerten, wie die geplante Maßnahme dazu beitragen kann, Ungleichheiten zu beseitigen und die Gleichstellung von Frauen und Männern zu fördern.

2.4 Das kleine 3 x 3 des Genderns[17]

Das kleine 3 x 3 des Genderns: Level 1[18]

Tabelle 7a

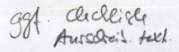
ggf. ächtlich Ausschnitt. text.

Gender-gerechte	
Sprache	■ Sprechen Sie bei allen Veröffentlichungen Frauen und Männern in ihrer Vielfalt an? ■ Verwenden Sie neutrale Begriffe, wie z.B. Beschäftigte oder kombinierte Formen, z.B. Teilnehmerinnen und Teilnehmer? ■ Wechseln Sie weibliche und männliche Formen ab? Z.B. die Programmiererin, der Web-Designer.
Bildmotive	■ Machen Sie Frauen und Männer sichtbar? ■ Achten Sie auf die Vielfalt, z.B. Alter, Herkunft, familiäre Lebenssituation, sexuelle Orientierung und Identität ■ Bilden Sie auch «untypische» Situationen ab, z.B. Mann mit Baby auf dem Arm, Frau als Vorgesetzte? ■ Nutzen Sie Vorlagen aus dem Intranet (Gender-CI)
Tagungen, Konferenzen, Arbeitsgruppentreffen	■ Wählen Sie gender-kompetente weibliche und männliche Referentinnen und Moderatoren aus? ■ Beachten Sie Vereinbarkeitsaspekte, z.B. Kinderbetreuung? Prüfen Sie Dauer und Lage der Veranstaltung? ■ Berücksichtigen Sie Gender-Diversity-Aspekte: wie muss man das Thema zuschneiden, um Frauen und Männer in ihrer Vielfalt zu interessieren? Wie berührt das Thema ihre jeweilige Arbeits- und Lebenssituation?

Das kleine 3 x 3 des Genderns: Level 2

Tabelle 7b

Gender-Diversity-Kompetenz als Auswahlkriterium	■ Beachten Sie Gender-Diversity-Kompetenz als ein wesentliches Auswahlkriterium bei der Vergabe von Aufträgen? ■ Fordern Sie Gender-Diversity-Kompetenz bei KooperationspartnerInnen ein?
Gender-differenzierte Datenerhebung und -analyse	■ Differenzieren Sie Daten nach Geschlecht, z.B. bei Mitgliedern, Beschäftigten sowie nach Kriterien, die eng mit dem Geschlecht zusammenhängen, z. Alter, Kinderzahl, Teilzeit, Vollzeit, Qualifikation, Familienstatus usw.
Aktive Zusammenarbeit mit dem Bereich Gender- und Diversity-Politik oder mit anderen Experten und Expertinnen	■ Arbeiten Sie mit Ihrem Bereich Gender-Politik und Diversity-Politik bei Tagungen, Veröffentlichungen, der Entwicklung von Projekten zusammen? ■ Ziehen Sie externe Experten und Expertinnen zu Rate, z.B. für die Arbeit mit Ehrenamtlichen, bei Projekten oder für Tagungen?

17 Geht zurück auf ver.di, Quelle: ver.di-Broschüre «Fit für Gender-Mainstreaming», 2002.
18 Copyright: ver.di, Bereich Gender-Politik, in balance: gutes leben, gute Arbeit, Ergänzung um «Vielfalt» durch Angelika Blickhäuser und Henning von Bargen, Nov. 2014.

Das kleine 3 x 3 des Genderns: Level 3

Tabelle 7c

Gender in Arbeitsvorhaben sukzessiver integrieren	Nehmen Sie mindestens ein Arbeitsvorhaben in die Jahresarbeitsplanung auf, welches gemeinsam unter Gender und Vielfalts Aspekten bearbeitet wird, z.B. Tagungskonzeption, gender-gerechte Auswertung der Tarifrunde, Initiierung gleichstellungsorientierter Maßnahmen in betreuten Betrieben?
Gegenseitige kollegiale Gender-Beratung	Lassen Sie Kollegen oder Kolleginnen Anträge mit Gender-Blick gegenlesen und geben Sie sich Anregungen? Welchen Einfluss haben die Maßnahmen auf die vielfältigen Lebensrealitäten von Frauen und Männern? Wo ergeben sich gender-relevante Anknüpfungspunkte? Abbau geschlechtsbezogener Diskriminierungen?
Gender-differenzierte Selbstauswertung	Beurteilen Sie Ihren Erfolg anhand von gender-sensiblen Kriterien? Berücksichtigen Sie dabei auch weitere Vielfaltskriterien, z.B. Migrationsbiografie ... Neben quantitativen Kriterien, z.B. Anzahl der geworbenen Neumitglieder auch qualitativ bewerten, welche Mitglieder sind besonders schwer zu werben?

2.5 Arbeitshilfe des BMFSFJ zu § 2 GGO der Bundesverwaltung: Gender-Mainstreaming bei der Vorbereitung von Rechtsvorschriften [19]

Rechtliche Vorgaben

Die Arbeitshilfe basiert auf:

1. Artikel 3 Abs. 2 Grundgesetz: «Männer und Frauen sind gleichberechtigt. Der Staat fördert die tatsächliche Durchsetzung der Gleichberechtigung von Frauen und Männern und wirkt auf die Beseitigung bestehender Nachteile hin.»
2. Mit Inkrafttreten des Artikel 2, 3 Abs. 2 Amsterdamer Vertrag i.V.m. Art 13 EGV ist die Förderung der Gleichstellung von Frauen und Männern Bestandteil der Rechtsordnung der Europäischen Union geworden. Die Charta der Grundrechte der Europäischen Union sieht in Art 23.Abs. 1 vor, Gleichheit von Männern und Frauen in allen Bereichen sicherzustellen.
3. § 2 Bundesgleichstellungsgesetz verpflichtet alle Beschäftigten der Bundesverwaltung, die Gleichstellung von Frauen und Männern zu fördern und diese Verpflichtung als durchgängiges Leitprinzip in allen Aufgabenbereichen der Dienststelle zu berücksichtigen.

---

[19] www.bmfsfj.de/RedaktionBMFSFJ/Abteilung4/Pdf-Anlagen/gender-mainstreaming-bei-der-vorbereitung-von-rechtsvorschriften,property=pdf,bereich=bmfsfj,sprache=de,rwb=true.pdf (Abfrage 27.11.2014)

4. § 1 Abs. 2 Bundesgleichstellungsgesetz verpflichtet die Bundesverwaltung, die Gleichstellung von Frauen und Männern auch sprachlich zum Ausdruck zu bringen.
5. § 2 und Kapitel 6 GGO (Rechtsetzung):
   - § 2 GGO bestimmt die Förderung der Gleichstellung von Frauen und Männern zum Leitprinzip bei allen politischen, normgebenden und verwaltenden Maßnahmen.
   - § 45 Abs. 1 i.V.m. Anlage 8 Nr. 9a GGO schreibt die Beteiligung des BMFSJ zu der Frage vor, ob durch das Gesetz bzw. die RVO (dazu Abs. 2 GGO) Auswirkungen von gleichstellungspolitischer Bedeutung zu erwarten sind.
   - Nach § 43 Nr. 5 GGO sind in der Begründung die Gesetzesfolgen (§33 Abs. 1 GGO) darzustellen. Diese beabsichtigen oder unbeabsichtigten Auswirkungen einer Regelung sind – auch hinsichtlich ihrer gleichstellungspolitischen Bedeutung – zu analysieren und in der Begründung darzustellen.
   - § 42 Abs. 5 GGO verpflichtet, die Gleichstellung sprachlich zum Ausdruck zu bringen.
6. Das Bundesgremiengesetz verpflichtet den Bund darauf hinzuwirken, dass eine gleichberechtigte Teilhabe von Frauen und Männern in Gremien, für die er Berufungs- oder Entsenderechte hat, geschaffen wird.

Gender-Mainstreaming bei der Vorbereitung von Rechtsvorschriften heißt:
1. Rechtsvorschriften müssen die unterschiedliche Lebenssituation von Frauen und Männern berücksichtigen. Im Entwurf sind daher die jeweiligen Auswirkungen des Vorhabens auf Männer und Frauen zu bewerten.
2. Bei jedem Rechtsetzungsvorhaben ist zu prüfen, ob und ggfs. wie dadurch die Gleichstellung der Geschlechter gefördert werden kann. Um tatsächliche Nachteile auszugleichen, sind im Einzelfall unterschiedliche geschlechtsspezifische Auswirkungen anzustreben.
3. Die Gleichstellung von Frauen und Männern ist durch eine geschlechtergerechte Sprache in den Rechtsvorschriften zum Ausdruck zu bringen.

Mögliches Prüfschema für eine Relevanzprüfung
Ziel ist es, verdeckte Benachteiligungen, Beteiligungsdefizite und die Verfestigung tradierter Rollenmuster aufzeigen zu können.

Tabelle 8

1. Art der politischen Maßnahme	Relevanz von Gleichstellungsfragen prüfen
	- Werden von der Maßnahme oder Teilen davon Personen unmittelbar oder mittelbar betroffen? (Zielgruppe bzw. Personen, auf die sich das Vorhaben auswirkt).
	- Art (betroffener Lebensbereich) und Ausmaß (Daten, ggf. Schätzungen) der Betroffenheit?
	- Sind Frauen und Männer unterschiedlich betroffen?
	Ist das Ergebnis positiv, folgen die Arbeitsschritte 2 bis 4. Bei negativer Relevanzprüfung ist dieses Ergebnis nachvollziehbar darzulegen.

2. Vorbereitung und Erstellung eines Referent_innenentwurfs nach positiver Relevanzprüfung	**2.1 Beschreibung der Maßnahme** ■ Auf welchen (Lebens-) Sachverhalt bezieht sich die Maßnahme? ■ Welche ressortpolitischen Ziele hat die Maßnahme? Begründung? ■ Welche Statistiken, Forschungsergebnisse und andere Informationen liegen der Maßnahme zugrunde; sind sie geschlechtsspezifisch differenziert, wird weiter differenziert, z.B. Familienstand, Haushaltstyp, Alter, Ethnie…? Beinhaltet die Maßnahme Vorgaben zur Erstellung von Berichten, Untersuchungen oder Erhebung von Daten? ■ Welche Instrumente dienen der Zielerreichung? ■ Wer sind die handelnden Personen bei der Entwicklung und Gestaltung der Maßnahme? ■ Welche fachlichen Alternativen/Varianten sind mit welchem Ergebnis geprüft worden?
	2.2 Analyse der Gleichstellungswirkung der Maßnahme ■ Welche Personengruppen sind unmittelbar oder mittelbar betroffen? ■ Welche möglichen Folgen (Hauptwirkung, beabsichtige und unbeabsichtigte Nebenwirkungen) wird die Maßnahme auf Männer und Frauen haben? Was wird gleichstellungspolitisch bewirkt? (Gleichstellungspolitische Ziele sind Abbau von Diskriminierung, Partizipation, echte Wahlfreiheit). ■ Welche relevanten Gruppen sind in welcher Form und zu welchem Zeitpunkt hinsichtlich der Gleichstellungsaspekte einzubeziehen? (Konsultationsprozesse)
	2.3 Ergebnisse und Bewertung ■ Ergebnisse der ressortinternen Prüfung und der Konsultationen zusammenfassen ■ Zielallianzen und Zielkonflikte zwischen ressort- und gleichstellungspolitischen Zielen herausarbeiten ■ gleichstellungspolitische Vor- und Nachteile der geprüften Alternativen/Varianten auswerten ■ Gesetzesfolgen unter Gleichstellungsaspekten evaluieren ■ ggf. Maßnahmen zur Verbesserung der Datenlage vorschlagen und veranlassen.
	2.4 Niederschrift Die Regelungen sind geschlechtsspezifisch oder geschlechtsneutral zu formulieren, vergl. § 1 Abs. 2 BGleiG. Die Ergebnisse der Prüfung sind in der Begründung der Rechtsvorschrift darzustellen.
3. Frühbeteiligung von Ressorts, Ländern und Verbänden gem. GGO	**3.1** BMFSJ ist gem. § 45 Abs 1. i.V.m. Anlage 8 Nr. 9a GGO einzubeziehen.
	3.2 Die weiteren Beteiligten im Rechtssetzungsverfahren nach §§ 45 ff GGO (Ressorts, Länder, Verbände) sind aufzufordern, in ihren Stellungnahmen Geschlechteraspekte zu berücksichtigen.
	3.3 Es sind auch solchen Verbände/Gruppierungen zu beteiligen, die spezielles Fachwissen zu Geschlechteraspekten haben.

2.6 Leitfragen aus der Gemeinsamen Geschäftsordnung (GGO) des Landes Nordrhein-Westfalen[20]

Geschlechterdifferenzierte Folgenabschätzung (Gender-Mainstreaming)
Gleichstellungspolitische Ziele sind der Abbau von Benachteiligungen (Diskriminierungen), gleiche Teilhabe (Partizipation) und eine von tradierten Rollenmustern freie, selbstbestimmte Lebensgestaltung beider[21] Geschlechter (echte Wahlfreiheit).

Bei allen politischen und administrativen Planungen und Maßnahmen sind die unterschiedlichen Bedürfnisse, Lebenslagen und Interessen beider Geschlechter gleichermaßen zu berücksichtigen. Es sollen nicht Sichtweisen und Interessen nur eines Geschlechts als Norm, die des anderen hingegen als Sonderinteressen gelten. Bei Gender-Mainstreaming geht es also darum, zu mehr Gerechtigkeit im Verhältnis zwischen den Geschlechtern zu gelangen und durch einen präventiven Ansatz mittelbare und unmittelbare Benachteiligungen erst gar nicht entstehen zu lassen.

Frauen und Männer können unterschiedlich betroffen sein, z.B. in Bezug auf:

- Beteiligung (z.B. in Gremien, Entscheidungspositionen)
- Ressourcen (z.B. Zeit, Geld, Zugang zu Bildung, Information, sozialer Sicherung)
- Chancen (z.B. Zugang zu Erwerbsarbeit)
- Normen und Werte (z.B. geschlechtsspezifische Arbeitsteilung, Auswirkung von Geschlechterstereotypen auf das Berufswahlverhalten)

Bei der Folgenabschätzung einer Rechtsnorm ist deshalb zu prüfen, ob und ggf. welche geschlechter-differenzierten Folgen durch die Norm zu erwarten sind. Darüber können folgende Fragen Aufschluss geben:

- Betreffen die Maßnahmen oder Teile von Maßnahmen Frauen und Männer jeweils mittelbar oder unmittelbar?
- Sind Frauen und Männer unterschiedlich betroffen?
- In welchen Lebensbereichen sollen genau welche Wirkungen eintreten?
- Wie verändert sich die Lage von Frauen und Männern dadurch?
- Sind in Abstimmungsprozessen die Gleichstellungswirkungen thematisiert worden?
- Beruht die Folgenabschätzung auf Daten oder Schätzungen?

Weiterführende Beispielfragen können auf Seite 16 der «Arbeitshilfe Geschlechterdifferenzierte Gesetzesfolgenabschätzung» des Bundesfamilienministeriums eingesehen werden). Das Ergebnis ist in das Gesetzesvorblatt aufzunehmen, vgl. Anlage 3 zu

---

20 Hrsg.: Ministerium für Inneres und Kommunales des Landes Nordrhein-Westfalen, Düsseldorf 2014, www.mik.nrw.de
21 Wir würden hier statt «beider» besser «aller» Geschlechter formulieren, da dies auch Inter* und Trans* Personen einschließt bzw. vielfältige statt duale Geschlechtervorstellungen adressiert.

§ 36 Abs. 1 GGO. Zur geschlechtergerechten Gesetzesfolgenabschätzung gibt es einen Beitrag des Gleichstellungsinstituts, siehe unter:

www.gleichstellungsinstitut.de/pdfs/wir/mitgl/lewalter/Gesetzesfolgenabschaetzung_Lewalter.pdf

2.7 Arbeitshilfe des BMFSFJ zu § 2 GGO der Bundesverwaltung «Gender-Mainstreaming in Forschungsvorhaben»[22]

Diese Handreichung ermöglicht es Beschäftigten aller Abteilungen und aller Laufbahngruppen bei der Planung, Vergabe, Begleitung und Umsetzung von Forschungsprojekten systematisch gleichstellungsorientiert zu arbeiten.

Ziel ist es, die mit einem Projekt verfolgten Fragestellungen, Daten und Erkenntnisse systematisch von Beginn an auch geschlechterspezifische Unterschiede und Auswirkungen in der Weise zu ermitteln und zur Verfügung zu stellen, dass damit Benachteiligungen erkennt und die Gleichstellung von Frauen und Männern (in ihrer Vielfalt) gefördert werden können.

Gleichstellungspolitische Ziele sind: Abbau von Benachteiligungen (Diskriminierungen), gleiche Teilhabe (Partizipation) und eine von tradierten Rollenmustern freie, selbst bestimmte Lebensgestaltung aller Geschlechter (echte Wahlfreiheit). Gleichstellung bedeutet,

- Frauen und Männern (in ihrer Vielfalt) ein gleichermaßen selbst bestimmtes Leben zu ermöglichen (Gleichstellungspolitik gibt nicht vor, wie Menschen zu leben haben);
- dass niemand zur Anpassung an stereotype Vorstellungen von «Männern» und «Frauen» gezwungen werden darf. An das Geschlecht und an Geschlechterrollen dürfen grundsätzlich keine Vor- oder Nachteile geknüpft werden. Rollenverteilungen, die zu einer höheren Belastung oder sonstigen Nachteilen für ein Geschlecht führen, dürfen durch staatliche Maßnahmen nicht verfestigt werden. Faktische Nachteile, die typischerweise ein Geschlecht treffen, dürfen durch begünstigende Maßnahmen ausgeglichen werden.

---

[22] www.bmfsfj.de/RedaktionBMFSFJ/Abteilung4/Pdf-Anlagen/gm-arbeitshilfe-forschungsvorhaben,property=pdf,bereich=bmfsfj,sprache=de,rwb=true.pdf (Abfrage 6.12.2014). Kurzfassung des Gender-Kompetenz-Zentrums, www.genderkompetenz.info. Ergänzt um: Männer und Frauen sind in ihrer Vielfalt zu berücksichtigen, dabei verwenden wir statt beide Geschlechter alle Geschlechter (Gender-Diversity-Ansatz) (A.B./HvB).

Tabelle 9

Gender-Relevanzprüfung:
 	
Die Relevanzprüfung ist bei jedem Forschungsvorhaben durchzuführen. Gerade bei zunächst neutral scheinenden Vorhaben stellt sich die Frage nach verdeckten Benachteiligungen, Beteiligungsdefiziten und verfestigender Rollenmustern.
	▪ Auf welchen (Lebens-)Sachverhalt bezieht sich das Forschungsvorhaben?
	▪ Was sind die Ziele des Forschungsvorhabens?
	▪ Sind Personen (z.B. als Zielgruppe) unmittelbar von der Forschung betroffen?
	▪ Sind Personen mittelbar von der Forschung betroffen? Beachten Sie auch Personen, die nicht Zielgruppen sind.
	▪ In welchem Bereich sind Frauen und Männer (in ihrer Vielfalt) betroffen (z.B. Familie, Beruf, politische Teilhabe, Freizeit, Gesundheit) (1)
	▪ Sind Frauen und Männer (in ihrer Vielfalt) unterschiedlich betroffen, worin bestehen die Unterschiede?
	▪ Berücksichtigt das Forschungsvorhaben die unterschiedlichen Handlungsmuster und Bedürfnisse von Männern und Frauen (in ihrer Vielfalt)?
	  ▪ Das herkömmliche (Rollen-) Bild von Frauen und Männern?
	  ▪ Die gesellschaftliche Wertschätzung von Männern und Frauen?
	  ▪ Die freie Entscheidung von Frauen oder Männer über Lebensformen?
	  ▪ Den unterschiedlichen Alltag von Männern und Frauen, insbesondere die geschlechtsspezifische Arbeitsteilung?
	  ▪ Die Berufswahl und Berufsausübung von Frauen und Männern?
	  ▪ Den Zugang zu Informationen und Bildung von Frauen und Männern?
	  ▪ Die Mobilität von Frauen und Männern?
	  ▪ Die Verfügung über Zeit von Frauen und Männern?
	  ▪ Den Zugang zu Entscheidungsprozessen?
	  ▪ Den Zugang zu Geld und sozialer Sicherung?
	  ▪ Gewalt und Ausbeutung von Mädchen/Frauen und Jungen/Männern

Durchführung des Vorhabens bei Gender-Relevanz	**Phase 1: Forschungsfrage – Forschungsziel** ▪ durchgängige Geschlechterdifferenzierung ▪ gleichstellungsrelevante Erkenntnispotentiale identifizieren **Phase 2: Konzept – Vorabstimmung** ▪ unterschiedliche Betroffenheiten von Männern und Frauen aufarbeiten ▪ geschlechtsspezifische Daten und Erkenntnisse sammeln **Phase 3: Abstimmung im Haus – Leitungsvorlage – Ausschreibung** ▪ Gleichstellungsrelevanz oder – irrelevanz klären und darstellen ▪ Gender-Fragen in den Ausschreibungstext integrieren **Phase 4: Angebotsauswertung – Vergabeentscheidung** ▪ Angebote und Anbietende auf Gender-Kompetenz prüfen: Personal, Arbeitsteilung, Nachweise über Gender-Kompetenz usw. **Phase 5: Vertrag** ▪ Beachtung der Gender-Aspekte verbindlich regeln **Phase 6: Begleitung des Projekts** ▪ auf Integration der Gender-Fragestellungen in die Forschung und Auswertungen achten **Phase 7: Ergebnisse, Bericht, Abnahme** ▪ geschlechtssensible Darstellung aller Ergebnisse ▪ Darstellung gleichstellungsrelevanter Aspekte **Phase 8: Verwertung, Umsetzung** ▪ gleichstellungspolitische Bedeutung mit ausweisen

Hinweise zur Vermeidung von Gender-Risiken	- Schließt die Forschungsfrage Frauen oder Mädchen aus, auch wenn die Schlussfolgerungen auf alle Geschlechter anwendbar sein sollen?
- Schließt die Forschungsfrage Männer oder Jungen aus Bereichen aus, die üblicherweise als besonders wichtig für Frauen angesehen werden?
- Nimmt die Forschungsfrage direkt oder indirekt ein Geschlecht (Männer) als Norm und schränkt insofern das Spektrum der möglichen Antworten ein?
- Wird in der Forschungsfrage direkt oder indirekt Familie bzw. Haushalt als kleinste Analyseeinheit vorgesehen, obwohl unterschiedliche Angaben für Frauen und Männern innerhalb der Familien oder Haushalte zu erwarten sind?
- Wird die leitende Forschungsfrage für die Geschlechter unterschiedlich formuliert?
Grundlegende Prüffragen	- Wurden alle Geschlechter untersucht, wenn das Thema mehrere Geschlechter betrifft?
- Sind die Daten für alle Geschlechter getrennt erhoben und dargestellt worden?
- Werden alle Untergruppen nach Geschlecht analysiert?
- Wenn nur ein Geschlecht betrachtet wird, sind die Schlussfolgerungen dann auch nur auf dieses bezogen?
- Wenn alle Geschlechter betrachtet werden, sind die Schlussfolgerungen in allgemeinen Begriffen ausgedrückt oder korrekterweise nach Geschlecht differenziert?
- Wird im Methodenteil Auskunft gegeben, ob die Instrumente für alle Geschlechter gleichermaßen anwendbar sind?
- Haben bestimmte Situationen/Ereignisse in der Untersuchung potentiell unterschiedliche Implikationen für die Geschlechter? Wurde dies bei möglichen Umsetzungsempfehlungen berücksichtigt?
- Treffen Titel oder Zusammenfassung tatsächlich auf alle Geschlechter zu oder erwecken Sie nur diesen Eindruck?
- Werden alle Geschlechter korrekterweise angeführt?
- Enthalten Titel oder Zusammenfassung eine geschlechtsverzerrende Sprache, Konzepte oder Begriffe?
- Sind in Grafiken und Tabellen alle Geschlechter dargestellt?
- Ist der Abschlussbericht in einer geschlechtergerechten Sprache abgefasst?
Hinweise zu Methoden	- Werden im Forschungsdesign alle Geschlechter betrachtet (in den Hauptvariablen, Themen, unterschiedlichen Situationen)
- Wird im Methodenteil Auskunft gegeben, ob die Instrumente für alle Geschlechter anwendbar sind?
- Nimmt das Forschungsinstrument kein Geschlecht als Norm für andere Geschlechter (z.B. Männer als Norm für Frauen)
- Ist das Konzept so angelegt, dass keine sozial oder kontextabhängig wichtigen Informationen verloren gehen? So kann es bei der Verwendung des Instruments «Interview» bei bestimmten Themen geboten sein, dass Männer von Männern und Frauen von Frauen in ähnlichen Lebenslagen befragt werden. Dies wäre in einem Pretext zu prüfen.
- Ist es möglich und/oder sinnvoll, Geschlechtergruppen gesondert zu betrachten?

Hinweise zur Darstellung von Ergebnissen	■ Werden die Daten für alle Geschlechter getrennt dargestellt? ■ Werden alle Untergruppen nach Geschlecht analysiert? ■ Wenn nur ein Geschlecht betrachtet wird, sind die Schlussfolgerungen dann auch nur auf dieses bezogen? ■ Wird eine geschlechtersensible Sprache verwendet? ■ Treffen Titel oder Zusammenfassung tatsächlich auf alle Geschlechter zu oder erwecken sie nur diesen Eindruck? ■ Werden alle Geschlechter korrekterweise angeführt? ■ Enthalten Titel oder Zusammenfassung eine geschlechterverzerrende Sprache, Konzepte oder Begriffe? ■ Sind in Grafiken und Tabellen durchgängig – und nicht als ein Sonderpunkt – alle Geschlechter dargestellt, also alte/junge Männer/Frauen/Inter*/Trans* usw.? Wurden alle Untergruppen nach Geschlecht analysiert? ■ Wenn alle Geschlechter betrachtet wurden, sind die Schlussfolgerungen in verallgemeinernden Begriffen ausgedrückt oder korrekterweise nach Geschlecht differenziert? ■ Wird im Methodenteil Auskunft gegeben, ob die Instrumente für alle Geschlechter anwendbar sind? ■ Wird im Forschungsbericht reflektiert, dass bestimmte Situationen/Ergebnisse in der Untersuchung potentiell unterschiedliche Implikationen für die Geschlechter haben können? Wurde diese bei möglichen Umsetzungsempfehlungen berücksichtigt? ■ Ist der Abschlussbericht in einer geschlechtergerechten Sprache abgefasst? ■ Werden durch verwendete Begriffe Assoziationen ausgelöst, die geschlechterstereotyp sind? ■ Werden allgemeine Begriffe für geschlechterspezifische Situationen benutzt? ■ Werden die verschiedenen Geschlechtergruppen in vergleichbaren Situationen mit vergleichbaren Begriffen beschrieben?

2.8 Gender-Budget-Analyse[23]

Politisches Handeln ist niemals geschlechtsneutral, somit weist auch jeder Haushaltsplan einen «Gender-Bias» auf. Zu dessen Beschreibung wurde das Instrument der Gender-Budget-Analyse entwickelt.

Gender-Budget-Analysen von öffentlichen Haushalten wurden bisher in mehr als 20 Staaten, etwa der Republik Südafrika oder in Australien, durchgeführt. Allgemein steht folgendes Instrumentarium für eine Gender-Budget-Analyse zur Verfügung:

---

23 Vgl. Peter Döge: Gender-Mainstreaming als Modernisierung von Organisationen, IAIZ-Schriften Band 2, 2002, S. 30f.

Tabelle 10

Monetäre Präferenzen	Welcher geschlechtsdifferenzierte Nutzen ergibt sich für Männer und Frauen? Ausgewählte Frauen und Männer (in ihrer Vielfalt) werden nach ihren monetären Präferenzen befragt: Wie würden Sie die Mittel verteilen, wenn Sie Finanzminister/in wären? Die Ergebnisse der Befragung werden mit dem vorliegenden Finanz- bzw. Haushaltsplan verglichen.
Ausgabenverteilung	Welche geschlechtsdifferenzierten Ausgaben ergibt eine Analyse der Ausgabenstruktur? In ausgewählten Politikfeldern bzw. Programmbereichen werden die Ausgaben hinsichtlich ihrer Verteilung auf Frauen und Männer bzw. Mädchen und Jungen aufgegliedert. Dieses Vorgehen erfordert die Existenz entsprechender Daten.
Besteuerung	Welche geschlechtsdifferenzierten Daten ergibt eine Analyse der Besteuerungsmaßnahmen? Die steuerliche Belastung von Männern und Frauen nach Haushaltstypen wird abgeschätzt.
Zeitbudget	Welche geschlechtsdifferenzierten Daten ergibt eine Analyse des Einflusses der Zeitbudgets von Männern und Frauen auf das Volkseinkommen? Untersucht wird, auf welche Weise nationale Budgets auf unbezahlter (Haus- und Familien-)Arbeit basieren. Hierzu ist die Erstellung geschlechtsdifferenzierter Zeitbudgetstudien erforderlich.
Auswertung	▬ Entwicklung eines geschlechtssensiblen Rahmens für die makroökonomische Planung ▬ Entwicklung eines Berichtswesens hinsichtlich der Integration der Kategorie «Gender» in die Budget-Planung.

2.9 Gender-Analyse eines Haushaltsplans[24]

Tabelle 11

Ausgangssituation	▬ Wofür wird Geld verausgabt?
Auswirkungen auf Männer und Frauen	▬ Wer ist davon betroffen? Auswirkungen auf Männer und Frauen in ihrer Vielfalt (Gender-Diversity) beachten!
Nutzenberechnungen	▬ Gibt es unterschiedliche Nutzenberechnungen für unterschiedliche männliche und weibliche Zielgruppen?
Zielsetzungen	▬ Welche Zielsetzungen liegen den Verausgabungen zugrunde? ▬ Könnten gender-differenzierte Ziele verfolgt werden?
Auswertung	▬ Welche gender-differenziert aufbereiteten Daten werden gebraucht?

---

24 Vgl. Peter Döge: Gender-Mainstreaming als Modernisierung von Organisationen, IAIZ-Schriften Band 2, 2002, S. 30f.

2.10 Grundraster für eine produktbezogene Gender-Budget-Analyse in Bezirksverwaltungen (Berlin-Lichtenberg)[25]

Tabelle 12

Zielgruppe	Wem wird das Produkt angeboten?		
Zielsetzung	Was möchte der Bezirk erreichen/gewährleisten?		
Leistungsumfang	Was macht die Verwaltung?		
Qualitätsindikatoren	Woran wird die Zielerreichung gemessen?		
Bezugsgröße	Auf welche Einheit werden die Kosten bezogen?		
Produktkosten des letzten Kalenderjahres	Gesamtkosten, Kosten der einzelnen Produkteinheit		
Budget für das lfd. Haushaltsjahr bzw. Planjahr	Wie viel Geld steht zur Verfügung, Steigerung bzw. Absenkung Vor-(vor)Jahr?		
Nutzungs- und Gleichstellungsanalyse	Wie viele Personen nutzen das Produkt, wie trägt das Produkt zur Gleichstellung von Frauen und Männern bei?		
	Frauen	Männer	gesamt
	absolut	absolut	absolut
	%	%	%
Vergleich zur Bevölkerungsstruktur	Anteil der Geschlechter an der Bevölkerung des Bezirks, ggf. altersgruppenspezifisch		
Vergleich mit anderen Bezirken	Wie steht der Bezirk im Vergleich zu anderen Berliner Bezirken? Welche Gemeinsamkeiten bestehen? Welche Unterschiede sind erkennbar? Sind Unterschiede rückführbar auf das Angebot?		
Nutzen für ein geschlechterdifferenziertes Verwaltungshandeln			

---

[25] Erstellt vom Bezirksamt Berlin-Lichtenberg, Dritter Bericht über Gender-Mainstreaming und Gender-Budgeting in den Senats- und Bezirksverwaltungen im Land Berlin, November 2005: www.berlin.de/imperia/md/content/senatsverwaltungen/senwaf/gm/bericht3.pdf?start&ts=1133343074&file=bericht3.pdf (Abfrage 6.12.2014)

2.11 Arbeitshilfe: Gender-Checkliste – Beispielfragen zur Einschätzung der gleichstellungspolitischen Wirkungen eines Vorhabens (Senat Berlin)[26]

1. Berücksichtigt die Maßnahme die nach wie vor herrschende geschlechtsspezifische Arbeitsteilung und den daraus folgenden unterschiedlichen Alltag von Männern und Frauen?
   Zum Beispiel sind bei der Bereitstellung von Fördermaßnahmen (z.B. Qualifizierungsangeboten, Integrationshilfen etc.) unterschiedliche Freiräume hinsichtlich der Zeiten und der Mobilität wegen der Wahrnehmung von Familienpflichten bei Männern und Frauen zu berücksichtigen.

2. Wirkt die Maßnahme auf eine Veränderung hinsichtlich der Arbeitsteilung von Frauen und Männern hin?
   Zum Beispiel sollten Teilzeitangebote so ausgestaltet sein, dass sie auch für Männer attraktiv sind.

3. Berücksichtigt die Maßnahme die sozialen Unterschiede zwischen den Geschlechtern (insbes. beim Einkommen, bei der sozialen Absicherung, bei der Verteilung von bezahlter und unbezahlter Arbeit)?
   Beispielsweise sollten tarifvertragliche Vereinbarungen (Regelungen zur Arbeitszeitgestaltung, Kriterien der Sozialauswahl u.a.) Leistungen aus Betreuungs- und Pflegetätigkeiten anerkennen.

4. Beeinflusst die Maßnahme die Berufswahl und die Berufsausübung von Frauen und Männern?
   Zum Beispiel sollten Maßnahmen zur Ausbildungsplatzförderung oder Angebote der Jugendberufshilfe so gestaltet sein, dass sie das Berufswahlverhalten nicht geschlechtsbezogen einschränken. Des Weiteren sind geschlechtsspezifische Bewertungen (gesellschaftliche Anerkennung von Frauen- und Männerberufen/-tätigkeiten) zu berücksichtigen, wenn arbeitsrechtliche, einkommensrelevante bzw. arbeitsplatzspezifische Entscheidungen zu treffen sind.

5. Beeinflusst die Maßnahme den Zugang zu Information, Kommunikation und Bildung von Frauen und Männern?
   Hier sind zum Beispiel der unterschiedliche Lebensalltag, das Rezeptions- und Lernverhalten sowie die unterschiedliche Mobilität von Frauen und Männern zu berücksichtigen. Beispielsweise ist bei der Gestaltung öffentlicher Internetangebote dem unterschiedlichen Nutzungsverhalten von Frauen und Männern Rechnung zu tragen. Weiter ist zum Beispiel bekannt, dass das Technikinteresse von Frauen

---

[26] www.berlin.de/imperia/md/content/senatsverwaltungen/senwaf/gm/bericht3.pdf?start&ts=1133343074&file=bericht3.pdf

durch interdisziplinäre Studien- und Bildungsangebote deutlich erhöht werden kann.

6. Werden in der Maßnahme Unterschiede zwischen Frauen und Männern in Zugang und Nutzung infrastruktureller Einrichtungen und öffentlicher Räume berücksichtigt?
   Zum Beispiel sind unterschiedliche Interessen, Sicherheitsbedürfnisse sowie Zeitressourcen bei Planungs- und Nutzungskonzepten von Sport- und Freizeitanlagen sowie kultureller Einrichtungen zu berücksichtigen.

7. Beeinflusst die Maßnahme die Mobilität von Frauen und Männern?
   Es ist zu berücksichtigen, dass Frauen und Männer ein unterschiedliches Mobilitätsverhalten zeigen, was u.a. mit ihren Alltagsaufgaben, aber auch mit der Ressource PKW oder mit Angst vor Übergriffen im öffentlichen Raum zusammenhängt.

8. Beeinflusst die Maßnahme die Möglichkeiten von Frauen und Männern, sich an Entscheidungsprozessen zu beteiligen?
   Zum Beispiel sind die jeweiligen Ausgangslagen und Interessen des jeweils anderen Geschlechtes in geschlechtshomogenen Gremien nicht ausreichend präsent.

9. Ermöglicht die Maßnahme Zugang zu finanziellen Mitteln und sozialer Sicherung? Beeinflusst sie diesen Zugang für Frauen und Männer unterschiedlich?
   Zum Beispiel sind bei der Vergabe von Fördermitteln und Existenzgründungsdarlehen geschlechtsbezogene Unterschiede in den Voraussetzungen, Gründungsmotivationen, Branchenverteilungen, Finanzierungsbedarfe zu berücksichtigen.

10. Trägt die Maßnahme den unterschiedlichen Bedürfnissen von Frauen und Männern nach Schutz vor Gewalt, vor Ausbeutung und vor sexueller Belästigung Rechnung?
    Zum Beispiel ist bei Normen, die Gewaltopfer oder Gewalttäter betreffen, die Geschlechtsspezifik zu prüfen und zu berücksichtigen.

11. Trägt die Maßnahme den unterschiedlichen Voraussetzungen, Bedürfnissen und dem unterschiedlichen Verhalten von Männern und Frauen hinsichtlich der Aufrechterhaltung der Gesundheit sowie des Schutzes vor Umweltrisiken und Gefahrstoffen Rechnung?
    Zum Beispiel müssen unterschiedliche Auswirkungen von Gefahrstoffexpositionen auf den Organismus berücksichtigt werden. Bei der Gesundheitsfürsorge sind geschlechtsbezogene Unterschiede in Präventionsverhalten und -einstellungen sowie im Risikoverhalten zu berücksichtigen.

12. Berücksichtigt die Maßnahme die unterschiedlichen Handlungsmuster und Bedürfnisse von Männern und Frauen?

Zum Beispiel ist bei individualrechtlichen Lösungen zu bedenken, dass Frauen und Männer unterschiedlich von solchen Lösungen Gebrauch machen. Bei der Bereitstellung von Beratungshilfen muss berücksichtigt werden, dass Frauen und Männer unterschiedlich von solchen Hilfsangeboten erreicht werden.

13. Wirkt sich die Maßnahme auf die gesellschaftliche Wertschätzung der Leistungen von Männern und Frauen aus?
    Zum Beispiel sind bei der Festlegung der Kriterien für die Verleihung von Verdienstorden Unterschiede im gesellschaftlichen/ehrenamtlichen Engagement von Frauen und Männern sowie dessen unterschiedliche öffentliche Wahrnehmung zu berücksichtigen. Bei der Ausrichtung öffentlicher Veranstaltungen ist auf eine Gleichwertigkeit bei der Auswahl und Darstellung von Leistungen bzw. Beiträgen von Frauen und Männern zu achten.

14. Berücksichtigt die Maßnahme die unterschiedlichen Handlungsmuster von Männern und Frauen in Bezug auf ihr Gesundheitsverhalten?
    Männer nehmen sehr viel weniger als Frauen an gesundheitlichen Vorsorgeangeboten teil. Maßnahmen und Angebote der Gesundheitsfürsorge sind deshalb zielgruppengenauer und geschlechtsdifferenzierter auszurichten.

15. Beeinflusst die Maßnahme die Berufswahl und Berufsausübung behinderter Frauen und Männer?
    Der Anteil behinderter Frauen an Maßnahmen der beruflichen Rehabilitation liegt zum Teil deutlich unter dem der Männer. Die Inhalte des beruflichen Angebotsspektrums sowie dessen zeitliche Anforderungen müssen insofern besser auf die besonderen Interessen- und Bedarfslagen behinderter Frauen abgestimmt werden.

3 Arbeitshilfen zur Gender-Diversity-Beratung

3.1 Beratungsansatz

Gender-Mainstreaming: Mainstreaming soll ausdrücken, dass ein bestimmtes Handeln sich zum Bestandteil des normalen Handelns (Hauptströmung) einer Organisation entwickeln soll.

Dabei gehen wir davon aus, dass Frauen und Männer – in ihrer Vielfalt – in der Gesellschaft unterschiedliche Lebensbedingungen und Chancen zur Entfaltung vorfinden. Sie entwickeln aufgrund geschlechtsdifferenzierter Sozialisationen unterschiedliche Interessen und Bedürfnisse und sind dadurch von gesellschaftlichen Prozessen und deren Auswirkungen unterschiedlich betroffen.

Implementierung von Gender-Mainstreaming bedeutet u.a.:

- Entwicklung von Sensibilität für Geschlechterfragen.
- Konzeptionsentwicklung auf der Grundlage eines Top-Down-Prozesses und Förderung der Übernahme der Verantwortung durch alle (männlichen und weiblichen) Führungskräfte
- Bedeutung der geschlechtsdifferenzierten Datenerhebung und -auswertung herausarbeiten in Verbindung mit anderen sozialen Differenzierungskriterien.
- Ressourcen zur Erhebung dieser Daten zur Verfügung stellen.
- Entwicklung spezifischer Instrumente der Organisationsentwicklung, der Personalentwicklung und auf der fachlichen Ebene – in Verbindung mit Gender-Diversity Instrumenten.
- Transparenz im Vorgehen: Handelt es sich um eine Gesamtstrategie oder um eine Teilstrategie? Hier muss deutlich gemacht werden, auf welcher Ebene das Konzept ansetzt.
- Unterstützung der Mitarbeitenden durch alle Führungskräfte; Schaffen von unterstützenden Rahmenbedingungen in der Organisation, Angebot von Gender-Diversity-Workshops, Gender-Diversity-Coaching und andere Transferunterstützung durch die Organisation (Förderung des «Bottom up» Prinzips).
- Aufbau von Gender-Diversity-Kompetenz

Die Einführung und Verankerung von Gender-Mainstreaming in einer Organisation ist ein weitreichender Veränderungsprozess. Veränderungen bringen Bewegung, vertrautes Gelände wird verlassen. Dadurch entstehen auch Ängste und Widerstände bei den weiblichen und männlichen Führungskräften sowie den Mitarbeiterinnen und Mitarbeitern. Wird nun Gender-Diversity als Strukturmerkmal und Analysekategorie in den Vordergrund gestellt, ist noch einmal mit zusätzlichen, ganz spezifischen Widerständen zu rechnen. Daher sollten diese Veränderungsprozesse nicht ohne interne und/oder externe Gender-Diversity-Kompetenz durchgeführt werden.

Gender-orientierte Veränderungsprozesse berühren immer auch die eigene Identität bzw. die individuellen Vorstellungen der Mitarbeitenden. Gender-Diversity-Beratung hat dies im Blick, ohne die auf der persönlichen Ebene entstehenden Widerstände und Ängste zum zentralen Punkt der Veränderungsprozesse zu machen. Auf der fachlichen Ebene ergeben sich Schwierigkeiten bei der Implementierung und Anwendung häufig aus den unterschiedlichen Herangehensweisen an geschlechterpolitische Frage- und Problemstellungen durch die beteiligten (vielfältigen) Männer und Frauen in Organisationen. Wir bezeichnen dies als «Ungleichzeitigkeit des Gender-Dialogs». Damit beschreiben wir auch unterschiedliche Erfahrungen, die Frauen und Männer (in ihrer Vielfalt) in bzw. durch Frauen-/Männerbewegungen/interkulturellen Bewegungen gemacht haben.

Ebenen der Gender-Diversity-Beratung[27]

Gender-Mainstreaming ist *Organisationsentwicklung*: Gender ist eine strukturwirksame Kategorie. Die jeweils gesellschaftlich vorherrschenden Vorstellungen von Weiblichkeit und Männlichkeit bilden sich auch innerhalb der betrieblichen Strukturen ab. Es entwickeln sich Dominanzkulturen, die von der jeweiligen Geschichte und Entwicklung der Organisation geprägt sind.

Wir unterscheiden dabei auf der analytischen Ebene «männlich» und «weiblich» geprägte Organisationen. D.h. rational-dominante werden als «männlich» konnotierte Strukturen bezeichnet, eher emotional-soziale Strukturen als «weiblich». Es kann sich selbstverständlich auch um emotional-dominante Strukturen handeln. Im Profitbereich treffen wir eher auf «männlich» konnotierte Strukturen, während in Non-Profit-Organisationen – und da insbesondere im sozialen Bereich – «weiblich» konnotierte Strukturen zu finden sind.

Gender-Mainstreaming ist *Personalentwicklung*: Die Anwendung von Gender- und Diversity-Kriterien berührt die personale und damit die individuelle Ebene von Führungskräften und Mitarbeitenden (in ihrer Vielfalt). Dabei werden u.a. folgende Fragen berührt: Welche Geschlechterrollenbilder, d.h. welche normativen Vorstellungen von Frauen und Männern tragen die Einzelnen mit sich? Welchen Geschlechterrollenbildern begegnen sie in der Organisation? Welche Gender-Diversity-Kompetenz benötigen Führungskräfte, um ihre Teams produktiv und sorgsam zu führen? Welche Gender-Diversity-Kompetenz brauchen Führungskräfte, um Mitarbeiterinnen und Mitarbeiter bei der Anwendung von Gender in Verbindung mit anderen Diversity-Dimensionen als Analysekategorie fachlich zu unterstützen?

---

27   Aus: Blickhäuser/von Bargen (2006): a.a.O., S.38 ff.

Gender-Diversity ist auf der *fachlichen* Ebene eine sehr relevante Analysekategorie: Hier geht es darum, die Kategorie Geschlecht in Verbindung mit anderen Vielfaltskategorien von vornherein bei der Planung und Entwicklung von Projekten oder fachlichen Schwerpunkten zu berücksichtigen.

Die Nutzung von Gender-Diversity als Analysekategorie und der Transfer in die fachliche Arbeit ist zur Zeit die größte Herausforderung aller Organisationen, die mit Gender-Mainstreaming-Implementierungsprozessen auf einer der drei Ebenen begonnen haben.

Eine Beratung zu Gender-Diversity hat die Ziele,

- zu einem tieferen Verständnis der vielfältigen Lebenswelten von Frauen und Männern beizutragen;
- die zu Beratenden zur Wahrnehmung ihrer individuellen Werte und Haltungen, der gesellschaftlichen Werte und Normen und zu den organisationsbezogenen Werten und Normen zu ermutigen;
- für die Ziele von Organisationen zu Gender und Diversity zu sensibilisieren und diese Ziele bzw. das Konzept der Organisation zu vermitteln;
- Führungskräfte (Männer und Frauen in ihrer Vielfalt) zu unterstützen, ihr Handeln, ihre Haltung und ihr Wissen zu überdenken und eine wertschätzende Haltung zu Männern und Frauen in ihrer Vielfalt zu vertiefen;
- die Führungskräfte, Mitarbeitenden und Teams im Aufbau ihrer Gender-Diversity-Kompetenzen zu begleiten, so dass sie diese in ihren fachlichen und personalen Aufgaben integrieren können (Transfer).

Das geschieht auf verschiedenen Ebenen: der politischen (s. Kapitel 2), der organisationsbezogenen (Kapitel 4), der personalen (Kapitel 6) und der fachlichen Ebene.

Dimensionen/Ebenen von Gender-Diversity-Arbeit

Tabelle 13

Politische Ebene	Gesetze, EU, nationale Politik ↓↑	Politische Visionen, Auseinandersetzungen, politische Konzepte entwickeln
Ziele	Geschlechtergerechtigkeit Geschlechterdemokratie Chancengleichheit von Frauen und Männern Gleiche Teilhabe …	← Gender- ← Mainstreaming- ← Beratung
Strategien	Gender-Mainstreaming Frauenförderung Empowerment Männerbezogene Ansätze Managing Diversity	← Konzeptentwicklung ▬ Implementierungsberatung ▬ Aufbau von Gender-Diversity-Kompetenz

Ebenen		
	Organisationsebene: Strukturen verändern durch Entwicklung eines organisationsbezogenen Konzeptes, die Integration von Zielen ins Leitbild und der Aufbau eines Stufenplans (Maßnahmenkatalog).	
	Personalebene: Auf der personalen Ebene werden gender-diversity-orientierte Personalentwicklungskonzepte erarbeitet, es werden Führungskräfteschulungen konzipiert, Workshops, Gender-Trainings und -Coaching oder -Beratung angeboten. Gender-Diversity-Kriterien werden in die allgemeinen Fortbildungsangebote integriert. Die durchführenden Trainer und Trainerinnen weisen ihre jeweiligen Gender-Diversity-Kompetenzen auf fachlicher und methodischer Ebene nach. ■ Gender-Diversity-Kompetenz von Führungskräften, Führungsverantwortung ■ Gender-Diversity-Kompetenz von Mitarbeitenden	
	Fachliche Ebene: Auf fachlicher Ebene können die Führungskräfte und Mitarbeitenden Gender-Diversity integrieren. Die Führungskräfte unterstützen ihre Mitarbeitenden bei der Entwicklung von Konzepten, Maßnahmen und stellen bei Bedarf Gender-Diversity orientierte Beratung zur Verfügung. ■ Transfer in die fachliche Arbeit ■ Gender-Diversity-Kompetenz der Mitarbeiterinnen und Mitarbeiter (finanzielle Ebene)	
Nachhaltigkeit	**Transfersicherung:** Damit die Nachhaltigkeit gewährt wird, wird die Möglichkeit der kontinuierlichen Beratung angeboten, eigene Instrumente und Checklisten werden angeboten und deren Umsetzung begleitet. Das Unternehmen führt ein internes Controlling-Verfahren ein bzw. integriert Gender-Diversity-Kriterien in ein bestehendes Controlling-Verfahren.	↖ Ansätze ■ Konzeptentwicklung ■ Führungskräfteschulung z.B. 　■ Gender-Coaching 　■ Gender-Workshop 　■ Gender-Diversity-Training

3.2 Welche Beratung braucht die Organisation?

Tabelle 14

Ebenen der Gender-Diversity Beratung	Auf welcher Ebene soll die Beratung ansetzen? ■ politische Ebene ■ Organisationsebene: Gender-Mainstreaming ■ Personalentwicklung ■ fachliche Umsetzung ■ individuelle Ebene

Zielsetzung der Organisation	Welche Ziele verfolgt die Organisation mit der Einführung von Gender-Mainstreaming? individuell: ■ Sensibilisierung der Führungskräfte? ■ Sensibilisierung der Mitarbeitenden? organisationsbezogen: ■ Gender-Mainstreaming implementieren? Gender-Diversity-Kriterien in den Leitbildprozess integrieren? ■ Sollen Strukturen verändert werden? Ggf. welche? ■ Konzeptionelle Verknüpfung von Gender-Mainstreaming, Diversity- und Gleichstellungspolitik Aufbau von Gender-Diversity-Kompetenz: ■ Sollen interne Multiplikatorinnen und Multiplikatoren oder Gender-Diversity-Berater und Gender-Diversity-Beraterinnen ausgebildet werden? ■ Gender-Diversity-Kompetenz der Führungskräfte ■ Gender-Diversity-Kompetenz der Mitarbeitenden Personale Ebene: ■ Gender-Diversity im Rahmen von Personalentwicklungsmaßnahmen integrieren? Fachliche Ebene: ■ Gender-Diversity im Rahmen fachlicher Schwerpunkte umsetzen?

Schwerpunkte	Über welche Beratungsschwerpunkte sollen die Gender-Diversity-Beraterinnen und Gender-Berater verfügen?
	■ Gender-Mainstreaming-Implementierungsberatung
	■ Gender-Trainings- und Gender-Diversity-Workshops
	  ■ Sensibilisierung für Führungskräfte
	  ■ Sensibilisierung für Mitarbeitende
	  ■ Gender-Diversity konkret: Gender-Diversity fachlich anwenden üben
	■ Feldkompetenz/fachliche Umsetzungsberatung
	  ■ gender-differenzierte Programm- oder Projektberatung
	  ■ Gender im Rahmen des Fach- und Aufgabengebietes, konkrete Themenstellungen bearbeiten, themenspezifische Einzelberatung
	■ Gender-Diversity-Coaching

Beratungsziele	■ Welche Gender-Diversity-Kompetenzen sollen die Führungskräfte/die Mitarbeitenden erhalten? (Personalebene) ■ Welche Gleichstellungsorientierung verfolgt die Organisation (Organisationsebene)? ■ Welche Gender-Diversity-Kompetenz soll für die alltägliche Facharbeit erzielt werden (fachliche Ebene)?
Instrumente/ Methoden	■ Vorträge, Moderation, Seminar ■ Supervision, Einzelgespräch, Coaching ■ Workshop, praktische Übung ■ Studie, Evaluierung ■ Prozessbegleitung, wissenschaftliche Begleitung ■ Erstellung von Materialien, Handbuch ■ Fachliche gender-kompetente Beratung unter Beachtung weiterer Vielfaltskriterien

3.3 Leitfragen zur Beratung bei der Implementierung von Gender-Mainstreaming[28]

Tabelle 15

Auftragsklärung Ausgangs- und Rahmenbedingungen klären	■ Wer ist Auftraggeberin, der Auftraggeber? ■ Gibt es ein Gender-Mainstreaming-Implementierungskonzept? ■ Was ist die genaue Fragestellung? ■ Welche Kriterien zur Umsetzung und für die Feststellung des Erfolgs können festgeschrieben werden?
Implementierungskonzept des Unternehmens/ der Organisation	■ Gibt es ein Gender-Mainstreaming-Konzept? Gibt es andere Konzepte, z.B. Diversity Konzepte, Frauenförderung, Gleichstellungskonzepte? Sollen diese miteinander in Bezug gesetzt werden? ■ Ist die Durchführung einer Gender-Diversity-Analyse der Organisation möglich? ■ Welche Ziele verbindet die Organisation mit der Umsetzung von Gender-Diversity? ■ Welche Kennzeichen machen diese Organisation zu einer geschlechtergerechten? ■ Welche Führungskräfte müssen für die Entwicklung oder Umsetzung eines Konzeptes gewonnen werden? ■ Welche Gender-Diversity-Kompetenz brauchen Führungskräfte? ■ Das Konzept und weitere Vorgehen vom Führungsgremium beschließen lassen.
Elemente eines Konzeptes	■ Beratung der Auftraggeberin/des Auftraggebers ■ Benennung von Verantwortlichen (Gender-Beauftragte, Arbeitskreis …) ■ Durchführen von Informationsveranstaltungen/Auftaktveranstaltungen ■ Durchführen von Gender-Diversity-Workshops oder -trainings für Führungskräfte ■ Klärung: Welche Erwartungen hat die Zielgruppe bzw. haben die Teilnehmenden? Sind diese andere als die der Auftraggeberin oder des Auftraggebers? ■ Durchführen von Gender-Diversity-Workshops für Mitarbeitende ■ Durchführen von gender-differenzierter Schwerpunktsetzung in fachlichen Themen: Gibt es Unterlagen, Projektskizzen, Arbeitsthemen? ■ Durchführen von Pilotprojekten ■ Entwicklung organisationsspezifischer Leitfragen bzw. Checklisten für die Anwendung von Gender-Diversity im weiteren Implementierungsprozess ■ Konzepte für die Transferbegleitung erarbeiten ■ Sammlung von konkreten Beispielen zu Gender-Diversity ■ Gender-Diversity-Coaching oder andere Transferbegleitungsmaßnahmen
Auswertung mit dem/der Auftraggeber_in	■ Wurden die vereinbarten Ziele erreicht? Warum nicht? Warum teilweise? ■ Was kann verbessert werden? ■ Was sind die nächsten Schritte zur Umsetzung? ■ Welches weitere Wissen wird noch benötigt, wie z.B. geschlechtsdifferenzierte Daten? ■ Dokumentation

---

28 Blickhäuser/von Bargen, 2014, überarbeitete Fassung eines Leitfadens der Heinrich-Böll-Stiftung für die externe Gender-Diversity-Beratung.

3.4 Leitfragen zur Umsetzung von Gender-Mainstreaming im Unternehmen[29]

Tabelle 16

Geschlechter-politische Ziele	Gibt es ein Leitziel, das definiert, was Gleichstellung für den Wirkungsbereich der Organisation bedeutet? Gibt es vom Leitziel abgeleitete und konkretisierte Gleichstellungsziele für die verschiedenen Aufgabenbereiche und Wirkungsfelder der Organisation? Gibt es Ziele zur Gleichstellung der Mitarbeiterinnen und Mitarbeiter der Institution?
Strategie	Gibt es eine Strategie zur Verankerung von gleichstellungspolitischen Zielen in der Organisation? ▪ Gleichstellung durch Frauenförderung ▪ Gender-Mainstreaming-Ansätze ▪ Diversity-Ansätze ▪ andere Ansätze … .
Verantwortung der Führungskräfte	▪ Gibt es ein klares Bekenntnis und sichtbares Engagement der Leitungsebene zu Gleichstellungszielen? ▪ Wird die Umsetzung von allen Führungsebenen getragen? ▪ Wird das Engagement für Gleichstellungsziele an die Mitarbeitenden weitergegeben? ▪ Manifestiert sich das Engagement in klaren Zielvorgaben? ▪ Manifestiert sich das Engagement in der Bereitstellung der notwendigen personellen und finanziellen Ressourcen?
Handlungsfelder und Instrumente	▪ Analyse der Organisationskultur ▪ Sensibilisierung für Geschlechterfragen in ihrer Vielfalt ▪ Integration in die Führungskultur ▪ Verankerung in Zielvereinbarungen auf der personalen und fachlichen Ebene
Formale Verankerung	Sind Gleichstellungsziele im Regelwerk der Institution durchgängig verankert? Sind Gleichstellungsziele in den Personalinstrumenten verankert? ▪ Arbeitszeiten ▪ Vereinbarkeit von Familie und Beruf (welcher Familienbegriff wird zugrunde gelegt?) ▪ Personalauswahlverfahren ▪ Personalentwicklung und Weiterbildung ▪ … . Sind Gender-Diversity-Kriterien verpflichtend im Rahmen der fachlichen Arbeit zu berücksichtigen? Gibt es unternehmensinterne Beratung, z.B. Familienservice, Sozialberatung, Mentoring … .

---

[29] Gekürzte und geänderte Fassung nach Nadja Bergmann und Irene Pimminger in: www.gem.org, GeM-Koordinationsstelle für Gender-Mainstreaming im ESF, Wien 2004

3.5 Leitfragen: Implementierung von Gender-Diversity in einem Unternehmen[30]

Tabelle 17

Schritte	Voraussetzungen
1. Gender-Diversity-Ziele und Strategie festlegen	Leitbild eines Unternehmens (Organisationsebene)
2. Verantwortlichkeiten festlegen	■ Bildung einer Steuerungsgruppe ■ Führungskräfte übernehmen Verantwortung für die Umsetzung der Ziele und der Maßnahmen aus der Strategie
3. Konkrete Maßnahmen werden festgelegt und vereinbart.	Die Maßnahmen werden in Workshops vermittelt, so dass diese von den Führungskräften umgesetzt werden können.
4. Gender-Diversity-Workshops werden konzipiert und durchgeführt.	Ziele und Strategie des Konzeptes werden von den Trainerinnen und Trainern (Gender-Teams) in den Workshops vermittelt.
5. Regelmäßige Berichterstattung und Integration von Gender-Diversity-Kriterien in das Berichtswesen	Es gibt klare Vorgaben für die Datenerhebung (Gender-Diversity-Kriterien).
6. Gender-bezogene Netzwerke z.B. von Frauen, Vätern, Lesben, Schwule, Bisexuelle, Transgender, Intersexuelle (LSBTI) werden unterstützt.	
7. Gender-Diversity-Ziele werden auf der Personalebene festgelegt ■ Einstellungsziele ■ der Auswahlprozess wird reflektiert und Besetzungskriterien werden festgelegt ■ Zielquoten werden festgelegt ■ Ziele für Karriereplanungen werden festgelegt ■ es werden Kariere- und Ausbildungspläne erstellt	Die Verantwortlichen kennen die Ziele, Strategie und Maßnahmen und sind in der Lage, diese eigenverantwortlich in ihrem Bereich umzusetzen. Führungskräfte werden unterstützt, diese Ziele in ihrem Verantwortungsbereich umzusetzen. In Zielvereinbarungsgesprächen und Mitarbeitendengesprächen werden Gender-Diversity-Ziele angesprochen.
8. Gender-Diversity-Kompetenz wird aufgebaut.	
9. Familienfreundliche Unternehmensstrukturen werden aufgebaut.	Es gibt ein gemeinsames Verständnis über einen weiten Familienbegriff. Es wird mit externen Partnerinnen und Partnern zusammengearbeitet.
10. Gender-Diversity-Kriterien werden im Qualitätsmanagement verankert.	

---

[30] In Anlehnung an Martine Herpers, Erfolgsfaktor Gender-Diversity, ein Praxisleitfaden für Unternehmen, Haufe-Lexware GmbH, Freiburg 2013

3.6 Leitfaden zur Gender-Beratung in einem Wohlfahrtsverband[31]

Tabelle 18

Auftragsklärung	Art der Beratung klären: ■ Implementierungsberatung ■ Konzeptberatung ■ Beratung bei Personalfragen ■ fachliche Beratung ■ Rechtliche Beratung ■ Finanzierungsberatung ■ Allgemeine Beratung
Auftragsklärung: Ausgangs- und Rahmenbedingungen klären	Ziele: ■ Welche Ziele verbindet die zu beratende Organisation mit der Aufnahme? ■ Was sind die Schwerpunkte der Beratung? ■ Werden in der fachlichen Arbeit geschlechtsspezifische Unterschiede und Strukturen sichtbar? ■ Bedeutung von Gender-Analysen und gender-differenziertem Datenmaterial herausarbeiten
Implementierungsberatung der Mitgliedsorganisation zu Gender-Mainstreaming	■ Eigenen Beratungsansatz und Hintergrund vermitteln/Implementierungsvoraussetzungen und Rahmenbedingungen vermitteln ■ Anregung zur Gender-Diversity-Analyse geben ■ Top-Down-Ansatz vermitteln – Welche Führungskräfte müssen gewonnen werden, damit die Implementierung weitreichende Unterstützung erfährt? Welche Gender-Diversity-Kompetenz brauchen die Führungskräfte? ■ Welche Unterstützung braucht die Mitgliedsorganisation zum Aufbau dieser Führungskompetenz?
Ansatzpunkte und Handlungsfelder	Finanzierungsberatung: ■ Welche Gender-Mainstreaming abhängige Finanzierungsmöglichkeiten gibt es? ■ Zuschussberatung 　■ Welche Richtlinien verlangen die Anwendung von Gender-Mainstreaming? 　■ Welche Bedingungen müssen genau erfüllt werden? Konzept- und Fachberatung: ■ Welche Gender-Kompetenz und Gender-Sensibilität besitzen die eigenen Fachberater_innen? ■ Welche Unterstützung zum Aufbau von Gender-Kompetenz brauchen diese? ■ Welche neue Qualität entwickelt sich durch die Anwendung von Gender im Fachgebiet der zu beratenden Organisation?

---

31 von Werth/Speck: Der Leitfaden wurde zuerst für den Paritätischen Wohlfahrtsverband Bayern entwickelt. 2014 ergänzt und verkürzt von Blickhäuser/von Bargen.

Beratung in Personalfragen:

- Welche arbeitsrechtlichen Konsequenzen ergeben sich aus der Gleichbehandlung von Männern und Frauen?
- Rechtsgrundlagen: Arbeitsrecht, Betriebsverfassungsgesetz, Allgemeines Gleichbehandlungsgesetz
- Gender-differenzierte Personalführung und Personalentwicklung
- Gestaltung von Arbeitsplätzen für Männer und Frauen
- Personalauswahl: Auf welchen Kriterien beruht die Personalauswahl? Sind diese gender-sensibel gestaltet?
- Vereinbarkeit: Welche Möglichkeiten der Vereinbarkeit von Familie und Beruf gibt es für Männer und Frauen in der Mitgliedsorganisation? Welcher Familienbegriff wird zu Grunde gelegt?
- Aufstieg: Welche Kriterien werden bei Beurteilungsverfahren zum Aufstieg angewendet? Sind diese gender-orientiert überprüft?

Organisationsberatung:

- Gender-Ansätze sind wichtig, um interne Strukturen einer Organisation so zu beeinflussen, dass unterschiedliche Perspektiven von Männern und Frauen (in ihrer Vielfalt) einbezogen werden (können).
- Gender-Analyse der Organisationen
- Entwicklung von Kriterien einer geschlechtergerechten Organisation
- Entwicklung von Zielen der Veränderung

3.7 Leitfragen zur Beratung: Projektumfeldanalyse[32]

Vorgehensweise

Die Projektbezeichnung – z.B. Einführung von Gender-Mainstreaming in die Organisation XY – wird in die Mitte einer Pin-Wand geschrieben. Relevante Personen innerhalb der Organisation werden nacheinander um diese Mitte gruppiert. Der Grad des Einflusses wird durch unterschiedlich große Kreise und die Nähe zum Projekt(thema) durch die Nähe bzw. Ferne zur Mitte (Projektbezeichnung) visualisiert. Weitere Einschätzungen (siehe folgende Fragen) werden auf einem Flipchart notiert. Die Gesamtbetrachtung ergibt Aufschluss über mögliche Ansatzpunkte zur Realisierung des Projektes.

---

[32] Wir danken Carolin Gebel, die uns mit dem Instrument der Projektumfeldanalyse von F. Boos vertraut gemacht hat (Projektmanagement, in: Königswieser/Lutz (Hg): Das systemisch-evolutionäre Management. Neue Horizonte für Unternehmen, S. 69–77). Wir haben das Instrument für die Arbeit im Gender-Beratungskontext modifiziert (2005) und ergänzt, 2014

Tabelle 19

Handelnde Personen	Wer sind die Hauptakteure und Hauptakteurinnen? (Pinnwand mit runden Karten)
Nähe/Distanz	Wie stehen die handelnden Personen jeweils zu Gender-Mainstreaming? (auf der Pinnwand visualisiert durch Nähe bzw. Ferne der runden Karten zur Mitte)
Macht/Einfluss	Wie viel Macht und Einfluss haben die einzelnen Akteurinnen und Akteure? (visualisiert durch Größe der Karten) Wie setzen sie ihren Einfluss ein? (Einschätzungen dazu auf Flipchart festhalten)
Überzeugung	Mit welchen Argumenten können die handelnden Personen gewonnen werden? Welchen Nutzen haben sie von Gender-Mainstreaming? (Einschätzungen dazu auf Flipchart festhalten) Welche Konkurrenzen bestehen zu anderen Konzepten, Frauenförderung, Diversity-Management ... (siehe auch Kapitel 1)
Widerstand/ Unterstützung	Bei welchen Personen wird Widerstands- bzw. Unterstützungspotential vermutet? (visualisiert durch einen roten oder grünen Punkt)
Nächste Schritte	Was sind die nächsten Schritte zur Umsetzung? Welche Promotoren und Promotorinnen können Sie gewinnen? (Einschätzungen dazu auf Flipchart festhalten)

4 Arbeitshilfen zur Anwendung von Gender im Rahmen von Organisationsentwicklung

4.1 Gender-Analyse von Organisationen[33]

Tabelle 20

Institutionelle Geschichte	■ Wie ist die Organisation entstanden? ■ Wer hat sie gegründet? ■ Welche Ziele wurden mit der Gründung verfolgt? ■ Wer sind die Zielgruppen/Kundinnen und Kunden der Organisation? ■ Welche Interessen werden vorrangig vertreten? Sehen Sie unterschiedliche Interessen von Frauen und Männern in ihrer Vielfalt bei Aufgaben und fachlichen Fragestellungen
Ideologie, Werte und Normen	■ Welche gleichstellungspolitischen Ziele werden formuliert? ■ Beschreiben Sie in Stichworten Werte und Normen der Organisation. (familienorientiert: welches Familienbild wird zugrundegelegt? zukunftsorientiert, Karriere fördernd, ökologiebewusst...) ■ Ist die Organisation eher stark leistungsorientiert ausgerichtet? ■ Gibt es gleichstellungspolitische Ziele zur Erreichung eines ausgewogenen Verhältnisses zwischen Männern und Frauen (in ihrer Vielfalt) auf Leitungs- und Entscheidungsebenen? ■ Sehen Sie Unterschiede zwischen Werten und Normen von Männern und Frauen (in ihrer Vielfalt) in den unterschiedlichen Organisationsbereichen?
Organisationskultur	■ Was ist Ihnen an Ihrer Organisationskultur besonders wichtig? ■ Gibt es so etwas wie eine spezifische Männer-, eine besondere Frauenkultur? Gibt es kulturelle Subsysteme? ■ Gibt es eine kulturelle Vielfalt von Personen in Ihrer Organisation? In welchen Bereichen arbeiten diese?
Personalebene	■ Welche Hierarchieebenen gibt es? ■ Auf welchen Ebenen sind Frauen und Männer in ihrer Vielfalt vertreten? ■ Wie viele Frauen sind jeweils in den Leitungsgremien?

[33] Das Analyseraster basiert auf einem Konzept von A. Goetz (Goetz, Anne Marie, 1997): Getting Institutions Right for Women in Development, London), ergänzt von Angelika Blickhäuser, Henning von Bargen, Georges Wagner. Wir danken Edda Kirleis, die uns die übersetzte Analyse von A. Goetz zur Verfügung gestellt hat.

	■ Wie ist die Verteilung von Frauen und Männern in ihrer Vielfalt unter den sonstigen Mitarbeiterinnen und Mitarbeitern? ■ Welche Funktionsebenen gibt es? Wie ist die jeweilige Verteilung von Männern und Frauen? ■ Gibt es Gruppierungen, die überhaupt nicht vorkommen: werden alle Diversity Kriterien nach dem Allgemeinen Gleichbehandlungsgesetz berücksichtigen? ■ Haben Sie den Eindruck, dass sich die Präsenz von Frauen und Männern in Verbindung mit anderen Diversity Kriterien in irgendeiner Weise auswirkt?
Hauptamtliche und Ehrenamtliche	■ Wie viele Hauptamtliche, wie viele Ehrenamtliche sind in Leitungsgremien? Wie viele Männer, wie viele Frauen sind jeweils in den Leitungsgremien? (mit weiteren Vielfaltskriterien verknüpfen) ■ Auf welchen Funktionsebenen arbeiten Hauptamtliche, auf welchen Ehrenamtliche? Wie ist die jeweilige Verteilung von Männern und Frauen? ■ Gibt es Gruppierungen, die überhaupt nicht vorkommen? (alle Diversity Kriterien nach dem Allgemeinen Gleichbehandlungsgesetz berücksichtigen) ■ Haben Sie den Eindruck, dass sich die Präsenz von Frauen und Männern in ihrer Vielfalt in irgendeiner Weise auswirkt?
Zeit, Ort, Vereinbarkeit und andere Aufgaben	■ Welche Arbeitszeiten haben die Mitarbeiter und Mitarbeiterinnen auf den verschiedenen Ebenen? ■ Gibt es unterschiedliche Arbeitszeiten und auf wen wirken sie sich besonders aus? ■ Gibt es einen hohen Arbeitsdruck? ■ Müssen Sie außerhalb von regulären Arbeitszeiten arbeiten? ■ Wirken sich diese Arbeitszeiten auf Männer und Frauen (in ihrer Vielfalt) unterschiedlich aus? ■ Wird von den Hauptamtlichen ehrenamtliche Arbeit erwartet? ■ Gibt es unterschiedliche Erwartungen an Frauen und Männer (in ihrer Vielfalt) bezüglich der Überstunden bzw. ehrenamtlicher Arbeit? ■ Welche Intensität der Mitarbeit wird von Ehrenamtlichen erwartet?
Führungsstrukturen	■ Welche Leitungsebenen gibt es? ■ Gibt es formelle und informelle Netzwerke? ■ Wie sind Frauen und Männer (in ihrer Vielfalt) in solche Netzwerke integriert? ■ Welche Aufgaben hat die Leitung? ■ Wie sind die Positionen besetzt (Männer und Frauen in Prozent)? ■ Liegt dort Leitungs- und Entscheidungsmacht?
Sexualität in Institutionen	■ In der Gesellschaft ist Heterosexualität die Norm. Ist das in Ihrem Arbeitszusammenhang auch so? ■ Gibt es ein offenes oder ein verdecktes Bekenntnis zur Homosexualität? ■ Gibt es soziale Sanktionen bei von der Norm abweichendem Verhalten? ■ Kommt sexuelle Belästigung am Arbeitsplatz oder in ehrenamtlichen Zusammenhängen in der Organisation vor? ■ Werden Themen wie sexuelle Identität oder Orientierung und sexuelle Lebensweisen angesprochen?
Leistungsbewertungen	■ Welche Leistungen werden besonders belohnt? ■ Welche Leistungen führen zu Anerkennung, welche zu Beförderung? ■ Welche Leistungen erhalten keine Anerkennung?

	■ Werden Schwerpunkte unterschiedlich bewertet? ■ Werden Frauen in denselben Schwerpunkten gleich bewertet? ■ Gibt es in der finanziellen und sozialen Bewertung Unterschiede?
Fachliche Arbeit	■ Welche fachlichen Schwerpunkte gibt es in der Organisation? ■ Welche inhaltlichen Schwerpunkte fehlen? ■ Sind Ihnen am Arbeitsplatz Gender-Fragen begegnet? Wenn ja, in welcher Form? ■ Haben Sie die Ihnen zur Verfügung stehenden Ressourcen gender-differenziert analysiert? ■ Wie drücken sich Normen, Werte, geschlechtliche Arbeitsteilung, Einstellungen und Verhalten, Wertschätzung in ihrem Arbeitsgebiet aus? ■ Welche Unterschiede zwischen Männern und Frauen haben Sie analysiert? ■ Wie berücksichtigen Sie Gender-Diversity-Fragen in Ihrem Arbeitsbereich? ■ Wie werden Geschlechterfragen bei Planungen in der fachlichen Arbeit berücksichtigt?

4.2 Kriterien einer geschlechterdemokratischen Organisation[34]

Nach Bearbeitung des Fragebogens zur Gender-Analyse der Organisation können Kennzeichen einer geschlechterdemokratischen Organisation abgeleitet werden. Diese könnten zum Beispiel wie folgt formuliert worden sein:

■ Es herrscht Pluralismus und es besteht die Bereitschaft, Differenzen auszuhalten und sich produktiv mit ihnen auseinanderzusetzen.
■ Frauen und Männer (in ihrer Vielfalt) sind strukturell vollständig integriert und in allen Positionen sowie auf allen Hierarchieebenen gleichmäßig repräsentiert.
■ Die Wirkungsmächtigkeit informeller Netzwerke ist zugunsten von Transparenz und Formalisierung zurückgedrängt. Es besteht keine Benachteiligung von Frauen und Männern (in ihrer Vielfalt) durch informelle Netzwerke.
■ Es gibt weder Vorurteile noch Diskriminierung. Das Verhalten von Beschäftigten ist weder sexistisch noch rassistisch und nicht auf die heterosexuelle Norm festgelegt.
■ Alle Beschäftigten können sich gleichermaßen mit der Organisation identifizieren. Das Ausmaß der Identifikation ist nicht abhängig von der Geschlechtszugehörigkeit und anderen Diversity Merkmalen.
■ Zwischen Frauen und Männern gibt es relativ wenige bzw. nur schwach ausgeprägte Konflikte, die sich auf Geschlechtszugehörigkeit gründen. Sie tragen Konflikte konstruktiv und lösungsorientiert aus, handeln rücksichtsvoll gegenüber anderen und sind kompromissbereit.

---

[34] In Anlehung an: Taylor Cox: Cultural Diversity in Organisations, 1994

- Die Organisation übernimmt sowohl in ihrer Außendarstellung als auch nach innen Verantwortung für das Ziel Geschlechterdemokratie oder andere gleichstellungspolitische Ziele. Frauen und Männer (in ihrer Vielfalt) sind bereit, offen und öffentlich die Verträglichkeit der Leitbilder zu prüfen und daraus Konsequenzen zu ziehen.
- Die Organisation übernimmt in ihrer inhaltlichen bzw. fachlichen Arbeit Verantwortung für die Umsetzung von Geschlechterdemokratie oder anderen gleichstellungspolitischen Zielen.
- Gender-Diversity-Kompetenzen der Mitarbeiter und Mitarbeiterinnen werden als relevante Schlüsselqualifikationen geschätzt, unterstützt und gestärkt.

4.3 Leitfaden zur interkulturellen Organisationsentwicklung[35]

Tabelle 21

1. Notwendigkeit zur kulturellen Öffnung erkennen	Wer kann den Anstoß für die interkulturelle Organisationsentwicklung geben? Von innen oder außen? Welche Indikatoren gibt es, von denen auf die Notwendigkeit einer interkulturellen Öffnung geschlossen werden kann? Aspekte, die beim Anstoß eines Öffnungsprozesses berücksichtigt werden sollten: - Führungskräfte der Abteilung einbinden - Verantwortlichkeiten festlegen - Über weiteren Unterstützungsbedarf entscheiden
2. Strukturen schaffen, die eine Durchführung ermöglichen	- Die Organisationen über die geplante interkulturelle Organisationsentwicklung informieren - Einrichten einer Arbeitsgruppe zur Projektumsetzung (Gender- und Vielfaltsaspekte berücksichtigen) - Mitarbeiterinnen und Mitarbeiter motivieren, sich an der Arbeitsgruppe zu beteiligen - Zusammenstellen der Ressourcen, die für die Umsetzung nötig sind – einen Finanzplan erstellen - Unterstützung der politischen Ebene für das Projekt sichern
3. Ist-Zustand analysieren, um Handlungsbedarfe zu identifizieren	- Mitarbeiterinnen und Mitarbeiter in die Bestandsaufnahme einbinden - Die Sicht der Kundinnen und Kunden erfassen. Welche Instrumente (z.B. Befragung) sind hilfreich? - Handlungsbedarfe identifizieren
4. Maßnahmenplan entwickeln	- Handlungsbedarfe strukturieren, z.B. mit interkultureller Balanced Scorecard – Prioritäten setzen - Vision entwickeln, an der sich alle langfristig strategisch orientieren können

---

[35] In Anlehnung an: Meike Reinecke, Christiane von Bernstorff: Interkulturelle Organisationsentwicklung. Ein Leitfaden für Führungskräfte. Berliner Hefte zur interkulturellen Verwaltungspraxis, Berlin 2011, www.integrationsbeauftragter.berlin.de

	■ Kurz-, mittel- und langfristige strategische Ziele festlegen ■ Sicherstellen, dass auch kurzfristige Erfolge zu erkennen sind ■ Möglichkeit geben, dass unterschiedliche Bereiche ihre eigenen Wege gehen können
5. Maßnahmenplan umsetzen	■ Umsetzungspläne für einzelne Maßnahmen entwickeln
6. Nachhaltigkeit sicherstellen	■ Arbeitsgruppe verstetigen – Umsetzung und Integration verstetigen ■ Ressourcen für weitere Maßnahmen bereitstellen ■ Regelmäßig Erfolge der Maßnahmen überprüfen ■ Erfolge feiern

4.4 Modell einer interkulturellen Organisation[36]

Eine Organisation muss den Rahmen für Interkulturalität genau festlegen. Dem Bekenntnis zur Interkulturalität muss eine mehrstufige Umstrukturierung aller Arbeitsbereiche folgen. Zur Vergegenwärtigung verschiedener Entwicklungsschritte auf dem Weg zur interkulturellen Organisation hier ein siebenstufiges Modell nach Blom/Meier:

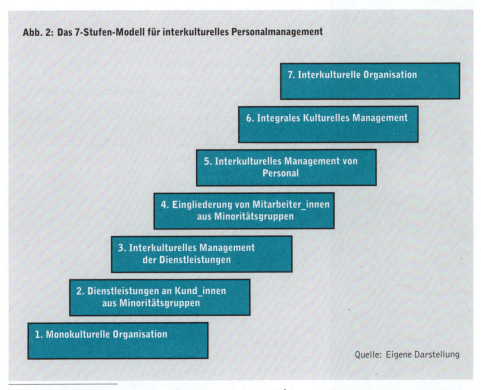

Abb. 2: Das 7-Stufen-Modell für interkulturelles Personalmanagement

Quelle: Eigene Darstellung

[36] Nach Blom/Meier: Interkulturelles Management, 2002

Tabelle 22

1. Monokulturelle Organisation	Es gibt kaum Kundschaft und Mitarbeiter und Mitarbeiterinnen aus Minoritätsgruppen. Deswegen werden die Arbeitsnormen der Mehrheit kaum hinterfragt.
2. Dienstleistungen an Kundinnen und Kunden aus Minoritätsgruppen	Das Angebotsspektrum wird auf verschiedene Zielgruppen erweitert und die Kriterien Gender-Diversity werden verwendet.
3. Interkulturelles Management der Dienstleistungen	Die Organisation versucht, neue Zielgruppen mit ihren Angeboten zu erreichen. Die Mitarbeiterinnen und Mitarbeiter werden für den Umgang mit Kulturunterschieden «sensibilisiert».
4. Eingliederung von Mitarbeiterinnen und Mitarbeitern aus Minoritätsgruppen	Das Bewusstsein, dass zur besseren Bedienung neuer Zielgruppen die Einstellung von Mitarbeiterinnen und Mitarbeitern aus diesen Bevölkerungsgruppen nötig ist, wächst. Wenn die Zusammenstellung der Belegschaft proportional die gesellschaftliche Vielfalt widerspiegelt, werden Rahmenbedingungen für eine effektive Dienstleistung geschaffen. Quotenregelungen und spezielle Rekrutierungsprojekte sind geeignete Mittel. Eine Migranten- und Migrantinnenquote von 20% würde das Verhältnis z.B. der Berliner Lebenswelt abbilden.
5. Interkulturelles Management von Personal	Wenn mehr Mitarbeiterinnen und Mitarbeiter aus Minoritätsgruppen eingestellt werden, bringt die Anerkennung von Unterschieden nicht zwangsläufig die Bewältigung von Diskriminierung, Mobbing und anderen Ungleichheitsproblemen. Die Lösung derartiger Probleme wird als gesonderte personalpolitische Aufgabe gesehen. Die Belegschaft ist z.B. sehr heterogen. Es werden gezielt Mitarbeiterinnen und Mitarbeiter aus Minoritätsgruppen eingestellt. Die Organisationskultur wird von Toleranzstreben geprägt. Die Beteiligung der Minderheitsgruppen an Führungspositionen bleibt aber noch unterproportional, so wie auch deren Beteiligung an informellen Netzwerken zu wünschen übrig lässt. Die Mitglieder der Mehrheitsgruppen fühlen sich, u.a. als Folge der als «positiver Diskriminierung» wahrgenommenen Quotenregelungen, oft bedroht. Zwischen den Gruppen bestehen unterschwellig viele Konflikte. Die Integration der Minoritätsgruppen ist noch nicht perfekt.
6. Integrales Kulturelles Management oder Diversity Management	Unterschiede zwischen Mitarbeiterinnen und Mitarbeitern werden anerkannt und genutzt. Unterschiede in Lebensstil, Bedürfnissen, kulturbedingten Charakteren oder Lebensphasen beeinflussen das Management der Qualitäten der Belegschaft. Die im Unternehmen vorhandene Vielfalt wird aktiv genutzt.
7. Interkulturelle Organisation	Jetzt ist kulturelle Vielfalt ein Mehrwert geworden. Produktentwicklung und Dienstleistungen orientieren sich an den Bedürfnissen einer diversen Kundschaft. Die Begabungen der Mitarbeiterinnen und Mitarbeiter werden so genutzt, dass die Produktivität und das Wachstum des Unternehmens oder die Effektivität und Effizienz der Organisation deutlich gesteigert werden. Die Minoritäten passen sich der Mehrheit nicht an. Sie sind auf allen Funktionsebenen vertreten und ihre Normen und Werte sind gleichberechtigt. Formelle und informelle Macht wie z.B. im Betriebsrat oder auch durch die Organisation von Betriebsausflügen ist auf alle Gruppen verteilt. In vielen Fällen sind klare Mehrheiten nicht mehr vorhanden, stattdessen besteht die Organisation aus mehreren Minderheiten, die einander brauchen und sich ergänzen.

4.5 Die Vier I: Mechanismen und Funktionsweisen von Diskriminierung

Das Modell von «Eine Welt der Vielfalt»[37] hilft, die Mechanismen von Unterdrückung zu verstehen und zu begreifen, wie deren verschiedene Aspekte ineinandergreifen:

- Zu Beginn steht eine **Ideologie**, die die Werte und Normen einer Gesellschaft definiert. Zum Beispiel, dass Liebe und Sex etwas ist, was zwischen Männern und Frauen stattfindet. (Heteronormativität)
- Dann gibt es die **Institutionalisierung** der Ideologie, die den Werten der Kultur strukturelle Stützen liefert. Im Beispielfall würde sich das in Gesetzen widerspiegeln, die eine Ehe ausschließlich heterosexuellen Paaren erlaubt und/oder diese Lebensform besonders fördert, wie z.B. das steuerrechtliche Ehegattensplitting.
- Die interpersonellen Aspekte zeigen sich in der **Interaktion** mit dem persönlichen Umfeld, wie zum Beispiel der Schule oder dem Arbeitsplatz. Kinder, die «schwul» als Schimpfwort benutzen, sind dafür ein Beispiel.
- Wenn jemand schließlich in seinem Inneren von der Ideologie überzeugt wird, dass es bessere und schlechtere Menschen gibt, nennt man dies **Internalisierung**. Ein_e Jugendliche_r, der/die in einer sexuellen Identitätskrise ernsthaft über Selbstmord nachdenkt, weil er oder sie sich wegen einer von der heterosexuellen Norm abweichenden sexuellen Identität oder Lebensweise als krank oder unmoralisch empfinden, ist ein Beispiel für solch eine Internalisierung.

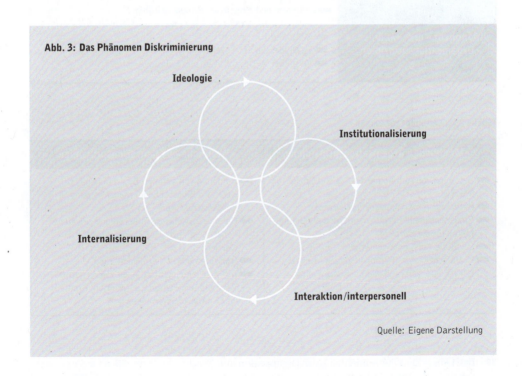

Abb. 3: Das Phänomen Diskriminierung

Quelle: Eigene Darstellung

---

37 www.ewdv-berlin.de

4.6 «Männliche» und «weibliche» Organisationsprinzipien[38]

Die folgenden Prinzipien können im Rahmen einer vertiefenden Analyse der Organisation genutzt werden. Bei der Strukturierung nach «männlichen» und «weiblichen» Organisationsprinzipien ist zu beachten, dass es sich um Hilfskonstruktionen handeln, die helfen sollen, Systeme von Organisationen zu verstehen, in denen Geschlechterfragen nicht angesprochen werden und Tendenzen zu erspüren. Werden weitere Vielfaltskriterien inklusiv thematisiert sind diese Tendenzen noch offener.

Tabelle 23

Aspekte von Geschlecht als Struktur- und Handlungskategorie (Gender-Diversity)	**Individuelle Ebene:** ■ Haltungen, Einstellungen, Bedürfnisse, Vorlieben, Neigungen, Motivationen **Interaktionsebene:** ■ Regeln, Rituale, Verhaltensmuster, Traditionen, Leitbilder **Organisationale Ebene:** ■ Leitbilder und Prinzipien, Rituale und Regeln, Kultur des Hauses **Gesellschaftliche Ebene:** ■ Leitbilder und Prinzipien, Rituale und Regeln
«Männliche» und «weibliche» Organisationsprinzipien (Ebenen)	■ Leitbilder zur Person ■ Leitbilder zur Interaktion ■ Leitbilder zu Organisation und Führung

Tabelle 23a: Leitbilder zur Person

«Männliche» Organisationsprinzipien	**«Weibliche» Organisationsprinzipien**
■ Betonung von Autonomie, Status und Sozialprestige ■ Betonung von Konkurrenz und Kampf ■ Eindimensionale Berufsorientierung als Erfolgsfaktor für die Karriere ■ Vertikale Aufstiegsorientierung ■ In Entscheidungssituationen zählen in erster Linie Logik, Verstand und messbare Fakten	■ Betonung von sozialen Beziehungen und wechselseitiger Abhängigkeit, Kooperation in Teamstrukturen ■ Balance zwischen beruflichen und privaten Lebensbereichen als Erfolgsfaktor für die Karriere ■ Horizontale Aufstiegsorientierung ■ In Entscheidungssituationen zählen neben Verstand und Fakten v.a. Intuition, Emotion und Einführungsvermögen

---

38 Ralf Lange: Zum Zusammenhang von Organisation und Geschlecht, Materialien für die Gewerkschaft ver.di, Abt. Gender-Politik. Ergänzung um Gender-Diversity durch Angelika Blickhäuser/Henning von Bargen, 2014.

Tabelle 23b: Leitbilder zur Interaktion

«Männliche» Organisationsprinzipien	«Weibliche» Organisationsprinzipien
■ Statusorientierung (Autorität) und Betonung von Eigenständigkeit ■ Verstand und Argumente für die eigenen Ziele einsetzen (Dissensorientierung) ■ Gewinner-Verlierer-Rhetorik ■ Ziel: eigene Lösungen durchsetzen ■ Konflikte und Widerspruch sollten als Risikopotential eher unterdrückt werden ■ Regeln durchsetzen und einhalten	■ Beziehungsorientierung (Partizipation) ■ Verständigung über den Austausch und die Entwicklung gemeinsamer Positionen (Konsensorientierung) ■ Gewinner-Gewinner-Rhetorik ■ Ziel: Integrative Lösungen finden ■ Konflikte und Widersprüche bieten Chancen für positive Veränderungen ■ Regeln einhalten und zugleich immer wieder den veränderten Bedingungen anpassen

Tabelle 23c: Leitbilder zur Organisation und Führung

«Männliche» Organisationsprinzipien	«Weibliche» Organisationsprinzipien
■ Symbole/Metaphern: Pyramide, Leiter, Stab ■ Führung durch die Autorität einer auserwählten Elite: Befehl, Gehorsam, und Zielvorgaben im Mittelpunkt ■ Strategisches Denken bleibt den Führungskräften vorbehalten, die Ausführung den Untergegebenen ■ Macht und Einfluss durch Status bzw. Position in der Hierarchie, formale Kontrolle, Zwang, Angst, Manipulation und Misstrauen ■ Leitungsbefähigung durch zugeschriebene Kompetenzen, z.B. aufgrund formaler Zertifikate (Diplom, Meister, Doktor, Professor usw.) ■ Fokus: Hierarchie, Autonomie, Individualismus, Konkurrenz, Wettkampf, Konformität, Befehl und Gehorsam, Aggressivität, Erfolg im Beruf (Karriere), hard play	■ Symbole, Metaphern: Netzwerk, Kreise, Gemeinschaft, Team ■ Führung als Erste unter Gleichen: Kooperation und Verständigung auf gemeinsame Ziele und Visionen steht im Mittelpunkt ■ Keine Trennung von strategischem Denken und ausführendem Handeln ■ Leiterin als Coach, Moderatorin, Prozessbegleitung und Klärungshilfe: andere befähigen, gemeinsame Ziele zu erreichen ■ Macht und Einfluss durch erworbene Kompetenz, Wissen, Erfahrung, Kommunikation, Reflexion und Einfühlung ■ Im Mittelpunkt: Wertschätzung, Achtung, Vertrauen, Empowerment ■ Fokus: Gleichheit, Gemeinschaft, Kooperation, Vielfalt, Partnerschaft, Partizipation, Erfolg im Leben, Beziehungsorientierung, fair play

4.7 Gender-Diversity-Kriterien beim Neubau der Heinrich-Böll-Stiftung auf der Grundlage einer Balanced-Score-Card [39]

Tabelle 24a: 1.Dimension – Standort (räumliche Lage/Umfeld, Erreichbarkeit, Infrastruktur, Vereinbarkeit)

Ziel	Teilziele	Indikatoren/ Kriterien	Umsetzung/ Situation	Bewertung
Unterschiedliche Bedürfnisse hinsichtlich Mobilität von Frauen und Männern in ihrer Vielfalt werden berücksichtigt	Der Stiftungssitz ist für alle Nutzerinnen und Nutzer gut mit ÖPNV erreichbar.	Behindertengerechte U-Bahn/S-Bahnhöfe oder Bus-Haltestelle im Umkreis von xxx Metern	S-Bahn Friederichstr. (500 m) S+U-Bahn Oranienburger Tor (300m) Bus Xy (xxx m)	
	Parkplätze für mobilitätseingeschränkte Personen sind ausreichend vorhanden	X Behindertenparkplätze unmittelbar vor bzw. an der Stiftung	Halteplatz für Taxi vorhanden Öffentliches Parkhaus ggü. der Charité 2 Behindertenparkplätze vor dem Eingangsbereich	
	Die Verkehrswege im Umfeld der Stiftung sind übersichtlich und barrierefrei.	Ampelanlagen für Blinde Rollstuhl- und Kinderwagengerechte Übergänge Im Winter geräumte Strassen und Wege Ausreichende Beleuchtung	Umgebung ist vergleichbar dem Hackeschen Markt, sehr von Institutionen und öffentlichen Bauten, inkl. entsprechender Infrastruktur, geprägt	
Unterschiedliche Anforderungen der Nutzerinnen und Nutzer an Versorgungsstruktur und Infrastruktur sind berücksichtigt	Einkaufsmöglichkeiten für den täglichen Bedarf sind vorhanden	X Lebensmittelgeschäfte im Umkreis von xx m	2 Supermärkte, kleinere Lebensmittel- und Feinkostläden im Karree Friedrichstraße, S Friedrichstraße, Charité, Schumannstraße	
	Gaststätten mit für alle Beschäftigten bezahlbarem Angebot an Mittagstisch sind ausreichend vorhanden	X Gaststätten mit Verpflegungsangeboten in der Spanne von x bis y Euro	Vgl. Hackescher Markt: mindestens 6 Bäcker, ca. 15 Einrichtungen für preiswertes Essensangebot zwischen 3 und 5 € (Coffeeshops, Imbiss, Kantinen, Bistros), ca. 6 Restaurants	

[39] Aus von Bargen/Schambach: Vielfalt bildet – Gender-Aspekte beim Neubau der Heinrich-Böll-Stiftung, in: Barbara Zibell (Hrsg.), Gender-Building, Peter Lang Verlag, Frankfurt/M. 2009

			mit Lunchangeboten zwischen 5 und 8 € und einer Reihe von Restaurants mit höherpreisigen Angeboten	
	Für die Beschäftigten mit Kindern nutzbare Kinderbetreuungseinrichtungen sind im näheren Umkreis vorhanden	X Kitas mit Ganztagsbetreuung (xxx m) Y Schülerläden/ Hort	Im Umkreis von 500 m 6 Kitas mit Ganztagsbetreuung und im Umkreis von 1000 m 11 Kitas mit Ganztagsbetreuung 1 Grundschule mit Hort und eine Ganztagsschule Schülerläden befinden sich in der Rosenthaler Vorstadt und in Tiergarten	
	Spielplatz bzw. Spielmöglichkeiten für Kinder sind auf dem Stiftungsgelände bzw. in unmittelbarer Umgebung vorhanden und nutzbar		Wird im Rahmen der Grünflächengestaltung in unmittelbarer Umgebung des Hauses und unter Berücksichtigung der gleichlautenden Anwohnerinteressen umgesetzt	
Ein angst- und gefahrfreier Aufenthalt am Standort ist jederzeit möglich	Es gibt keine potentiellen Angsträume	Durchgänge und Außenanlagen sind gut einsehbar Wege, Parkplätze und Fahrradabstellplätze sind gut beleuchtet Sichtverbindungen zu markanten Orientierungspunkten sind vorhanden	Sehr luftiges und offenes architektonisches Gestaltungsprinzip gewährleistet Anforderungen Thema wird auch bei der Grünflächengestaltung berücksichtigt	
	Das Umfeld und die Sicherheitslage sind für Nutzerinnen und Nutzer und insbesondere Menschen verschiedener ethnischer Herkunft akzeptabel	Einschätzung von Migrantinnen und Migranten (Beschäftigte, Stipendiat_innen, Anwohner_innen) Sozialberichterstattung/Aussagen der Integrationsbeauftragten der Stadt	Mehrere Migrant_innen in der hbs befragt, die unisono die Gegend als sicher bezeichneten (genug beleuchtet, keine negativen Erlebnisse, bisher kein Risiko wahrgenommen) Nach mündlicher Auskunft der Senatsleitstelle gegen Diskriminierung gilt der ganze Stadtbezirk als sehr sicher	

			(Einzelaussagen zur Gegend konnten nicht getroffen werden) Anfrage beim Integrationsreferenten des Stadtbezirks Mitte läuft noch	

Tabelle 24 b: 2. Dimension – Arbeiten und Leben (Aufenthaltsqualität im Gebäude und den Außenanlagen, Sicherheit, Vereinbarkeit, Barrierefreiheit, Kommunikation)

Ziel	Teilziele	Indikatoren	Umsetzung/ Situation	Bewertung
Der Zugang zu und Aufenthalt in allen Räumlichkeiten ist für alle Mitarbeiterinnen und Mitarbeiter sowie Besucherinnen und Besucher (in ihrer Vielfalt) unabhängig von ihrer körperlichen Verfassung möglich	Alle Verkehrsflächen sind barrierefrei begehbar	Keine Schwellen Aufzüge sind vorhanden Ausschilderung: große Schrift, Blindenschrift Treppengeländer für kleine Personen und Kinder Rollstuhlgerechte Türbreiten und Durchgänge Maschinell öffnende (Durchgangs-)Türen für Rollstuhlfahrer_innen und Kinderwagen	Der barrierefreie Zugang ist durch verschiedene Maßnahmen gewährleistet (Braillebeschriftung in den Etagen und im Fahrstuhl für blinde Besucher_innen, Induktionsschleifen im Veranstaltungsbereich für Hörgeschädigte, Zugang zu allen Räumen für gehbehinderte Personen)	
	Der Zugang von außen ist barrierefrei	Maschinell öffnende (Durchgangs-)Türen Klingel in Rollstuhl-/ Kinderhöhe Keine Schwellen	Siehe oben	
	Frauen und Männer, die kein Deutsch verstehen, können sich ohne Desorientierung in der Stiftung selbständig bewegen	Mehrsprachige Beschilderung Mehrsprachiger Empfang/Übersicht/Wegweiser	Wird berücksichtigt in Projekt Leitsystem	
	Sanitärräume für Frauen und Männer sind behindertengerecht und werden nicht	Mindestens eine Damen- und eine Herrentoilette pro Stockwerk/Bereich ist jeweils	Pro Etage 1 Behindertentoilette, im Veranstaltungsbereich je 1 Behindertentoilette für Frauen und Männer	

		«neutralisiert»	behindertengerecht ausgebaut.	
Ein angst- und gefahrfreier Aufenthalt im Gebäude ist jederzeit möglich	Es gibt keine potentiellen Angsträume	Durchgänge und Treppenhäuser sind gut einsehbar Wege/Flure sind gut beleuchtet und belebt Sichtverbindungen zu markanten Orientierungspunkten sind vorhanden Sprech- und Sichtkontakt im Treppenraum möglich	Sehr helle, luftige Architektur im gesamten Objekt umgesetzt Sichtachsen in den Etagen Freitreppe zur Veranstaltungsetage Licht schaltet sich automatisch beim Betreten ein (Bewegungssensoren)	
	Gute Orientierungsmöglichkeiten sind gegeben	Leitsystem im Gebäude vorhanden (barrierefrei, mehrsprachig)	Projekt Leitsystem	
	Die Gebäudestrukturen sind übersichtlich.	Keine starken Vor- und Rücksprünge entlang von Wegen oder Flurenden	Geradlinige Gebäudestrukturen sind Architekturprinzip	
Alle Arbeitsplätze und Arbeitsräume haben hohe Aufenthaltsqualitäten	Hohe Transparenz innerhalb des Gebäudes ist gegeben Gestaltung und Ausstattung entspricht den Anforderungen der Nutzerinnen und Nutzer (in ihrer Vielfalt)	Arbeitsplätze mit natürlicher Beleuchtung und Sichtbezügen zum Außenraum Einschätzung der Mitarbeiter_innen, differenziert nach Geschlecht, ethnische Herkunft, Behinderung zum Zeitpunkt x	Ist gewährleistet, da sich alle Arbeitsplätze zur Fensterfront ausrichten Arbeitsplatzmodell wird derzeit diskutiert	
Die (Raum-)Organisation bietet die Möglichkeit des «Sich-selbst-Organisierens» und unterstützt die Kommunikation zwischen den Mitarbeiterinnen und Mitarbeitern in ihrer Vielfalt	Kommunikationsorte sind vorhanden	Teeküchen auf jeder Etage «Diversity-Cafe» im Haus vorhanden «Treffpunkte» auf Fluren/Wegen (z.B. Sofaecken), Gestaltung als «Deeskalationsraum» für die Belegschaft	Teeküchen werden etagenweise realisiert 1 große Küche im 2. OG. Im Cateringbereich des EG großflächiger Treffpunkt in der Planung berücksichtigt Mindestens ein Besprechungsraum ist pro Etage vorgesehen	

			Besprechungsräume auf jeder Etage (Mindestanzahl?)	Nutzung der Zusatzflächen durch die Bereiche ist noch offen	
		Zugang zu Informationen und Netzwerken ist für alle Mitarbeiterinnen und Mitarbeiter gleichberechtigt möglich	Informationsaustausch ist organisiert Erfahrungsaustausch ist organisiert Netzwerke sind bekannt und zugänglich	Ist organisatorische Frage Die Zusammenführung aller Stiftungsabteilungen in ein Gebäude erleichtert die Kommunikation	
Rahmenbedingungen für die Vereinbarkeit von Familie und Beruf sind gegeben		Kinderbetreuung in Notfallsituationen ist möglich und wird unterstützt.	Separater Raum zur Betreuung bzw. zum Aufenthalt für Kinder ist vorhanden Wickelraum/-möglichkeit vorhanden	Ist zuwendungsrechtlich nicht möglich. Notfallsituationen werden wie bisher pragmatisch gelöst Im Veranstaltungsbereich realisiert	
		Spielplatz bzw. Spielmöglichkeit auf dem Außengelände ist vorhanden	Spielplatz vorhanden Spielgeräte vorhanden	Siehe oben. Spielfläche ist derzeit vorhanden, soll gemeinsam mit Anwohnerinnen und Anwohnern optimiert werden	
		Die Mitarbeiterinnen und Mitarbeiter sind mit den Vereinbarkeitsmöglichkeiten zufrieden	Zufriedenheit zum Zeitpunkt x	Systematische Mitarbeiterinnenbefragung derzeit nicht vorgesehen. Sprengt den Rahmen des Immobilienprojekts	
Die Arbeitsplatzgestaltung wird partizipativ organisiert und auf verschiedene Bedürfnisse Rücksicht genommen		Es gibt Spielraum für «Eigenheiten» der Mitarbeiterinnen und Mitarbeiter bei der Raumgestaltung	Grünpflanzen sind möglich Bilder können aufgehängt werden ...	In der Bürolandschaft ist es grundsätzlich möglich, den Arbeitsplatz durch persönliche Dinge zu gestalten	
		Es gibt einen Platz für Raucherinnen und Raucher		Raucherraum wird voraussichtlich nicht umgesetzt Platz zum Rauchen, und in angenehmer Atmosphäre muss außerhalb des Stiftungshauses von Rauchern und Raucherinnen entdeckt werden	

Tabelle 24 c: 3. Dimension – Lernen und Bilden (Ausstattung, flexibles Raumangebot, Veranstaltungsmanagement)

Ziel	Teilziele	Indikatoren	Umsetzung/ Situation	Bewertung
Die Stiftung bietet Frauen und Männern in ihrer Vielfalt angemessene Veranstaltungs-räumlichkeiten für die politische Bildung	Die räumliche Gestaltung und Gestaltbarkeit der Räume unterstützt den Einsatz unterschiedlichster Methoden und Veranstaltungsformen	Verschieden große Räume sind möglich, von kleinen Arbeitsgruppenräumen bis großem Saal. Bestuhlung ist variabel, von Tisch- über Kino- bis zu Kreisbestuhlung. Bühne mit entsprechender Beleuchtung ist möglich. Farbliche Gestaltung ist zurückhaltend	Veranstaltungs-bereich, der die hier genannten Punkte beinhaltet wurde aufwändig geplant. Alle Indikatoren sind in der Planung verwirklicht	
	Die technische Ausstattung berücksichtigt unterschiedliche Bedürfnisse der Nutzerinnen und Nutzer	Dolmetschmöglichkeit. Induktionstechnik für Gehörgeschädigte. Große Schrift bei Anzeigetafeln/Schildern/Leitsystem für Sehbehinderte. Ausstattung mit vielfältiger Moderations- und Veranstaltungstechnik, wie Wireless LAN und Internetzugang	Alle Indikatoren sind in der Planung verwirklicht	
Die Aufenthaltsqualität für internationale Gäste ist insbesondere bei Veranstaltungen hoch	Rückzugsmöglichkeiten stehen zur Verfügung	Gebets-/Aufenthaltsraum vorhanden	Im Veranstaltungsbereich steht ein Vorbereitungsraum für Referent_innen zur Verfügung	
	Die Betreuung kann optimal auf die jeweiligen Besucherinnen und Besucher abgestimmt werden	Mehrsprachige Orientierungshilfe ist vorhanden. Betreuungspersonal kann zur Verfügung gestellt werden. Übersetzungshilfen sind vorhanden	Wird im Leitsystemprojekt geplant. Ist organisatorische Frage. Ist organisatorische Frage	
	Es gibt mehr Toiletten für Frauen, als nach Bauvorschrift üblich (Erfahrung Warteschlange bei Veranstaltungen)		Nicht umgesetzt	

Tabelle 24 d: 4. Dimension – Integration in die CI/Öffentlichkeitsarbeit

Ziel	Teilziele	Indikatoren	Umsetzung/ Situation	Bewertung
In der öffentlichen Darstellung wird deutlich, dass der Stiftungssitz gleichberechtigt Frauen und Männern in ihrer Vielfalt zur Verfügung steht	Die Ausschreibungsunterlagen, Veröffentlichungen und Werbematerial spricht Frauen und Männer in ihrer Vielfalt an	Sprache ist «gegendert» Sprachbilder sind «gegendert» Bildmaterial ist «gegendert» Mehrsprachigkeit ist gewährleistet	Bei der Ausschreibung wurde die Bewerbung von Unternehmen, die Frauen und Vereinbarkeit fördern, ausdrücklich hervorgehoben	
	Bei öffentlichen Auftritten sind Frauen und Männer in ihrer Vielfalt präsent	Geschlechterverhältnis Beteiligung von Migrantinnen und Migranten Beteiligung von Menschen mit Behinderungen Alte und Junge sind beteiligt	Keine Frage des Immobilienprojektes	
	Möglichkeiten zur Präsentation von internationaler Kunst ist gegeben	Ausstellungsflächen vorhanden Eingangsbereich der Stiftung ist international gestaltet	Ausstellungsfläche ist im vorderen Teil des Foyers (EG) vorgesehen Umsetzung des Projekts «Kunst am Bau» orientiert sich an den Werten und Leitbild der HBS	

Tabelle 24 e: 5. Dimension – Repräsentation und Partizipation (Zusammensetzung der Gremien, Beteiligung der Mitarbeiter_innen, Nutzer_innen, Anwohner_innen)

Ziel	Teilziele	Indikatoren	Umsetzung/ Situation	Bewertung
In den Gremien zum Stiftungsneubau werden alle Gruppen (Mitarbeiter_innen, Stipendiat_innen, Ehrenamtliche) in ihrer Vielfalt berücksichtigt	Die Auswahlgremien für den Planungsentwurf und die Jury sind geschlechterparitätisch und vielfältig besetzt bzw. die jeweiligen Perspektiven werden einbezogen	Geschlechterverhältnis Migrant_innenanteil Anteil von Menschen mit Behinderungen Anteil der Mitarbeiterinnen und Mitarbeiter Anteil der Nutzerinnen und Nutzer, AnwohnerInnen Entsprechende Zusammensetzung der Sachverständigen Verfahren zum Einbezug der jeweiligen Perspektiven vorhanden	Zusammensetzung Immo-LenK-Gruppe: 3 Frauen, 3 Männer Zusammensetzung Jury: 7 Frauen, 6 Männer Mitarbeiter_innenversammlung nach Bedarf, Abteilungssitzungen, Leitungskoordination, Betriebsrat, ImmoAG nach Bedarf, UmzugsAG Angebot an die	

			Anwohner_innengemeinschaft zur Mitwirkung an der Grünflächenplanung	
	In Gremien, Arbeitsgruppen, Beiräten etc. sind mindestens eine Person mit Gender-Kompetenz und mit interkultureller Kompetenz vertreten	Anteil der Gremien, in denen Gender-Kompetenz und interkulturelle Kompetenz vertreten sind	Immolenk, Umzugs-AG, Beratung in der Steuerungsgruppe Gender-Diversity	
	Die vielfältigen Kompetenzen der Mitarbeiterinnen und Mitarbeiter werden genutzt.	Anteil der Entscheidungen und Verfahren, zu denen die Einschätzung von Mitarbeiterinnen und Mitarbeitern in ihrer Vielfalt eingeholt wird	Umsetzung des Arbeitsplatzmodells Planung des Veranstaltungsbereichs (Tagungsbüro, Inlandsabteilung) Umzugsplanung	
Bei der Vergabe von Aufträgen wird besonderer Wert auf Unternehmen mit Gender-Kompetenz und interkultureller Kompetenz gelegt	Mindestens bei 40% der auftragsnehmenden Unternehmen sind Frauen und Männer in ihrer Vielfalt gleichberechtigt beschäftigt und berücksichtigt	Frauenförderplan, gender-differenzierte Personalstatistik vorhanden Geschlechterverhältnis im Betrieb Anteil von Migrantinnen und Migranten an den nicht prekär beschäftigten Mitarbeiter_innen Anteil von Frauen in «typischen» Männergewerken	Nicht umsetzbar im Verhandlungsverfahren, da vergaberechtswidrig. Thema ist jedoch in der Ausschreibung angesprochen, als Wunsch der HBS, dass Unternehmen Frauen und Vereinbarkeit von Beruf und Familie fördern	
	Die auftragsnehmenden Unternehmen setzen Gender und Diversity berücksichtigende Managementverfahren ein	Managing-Diversity Gender-Mainstreaming Gleichstellungsplan, Frauenförderplan	Siehe zuvor	

5 Arbeitshilfen für Hochschulen

5.1 Leitfaden zur Entwicklung eines Hochschul-Gleichstellungsplans[40]

Tabelle 25

Gender-Mainstreaming	Gleichstellung wird als Führungs- und Querschnittsaufgabe gehandhabt, d.h. ■ Verankerung von Gleichstellung in der Leitbildentwicklung. ■ Verankerung von Gleichstellung in der Profilbildung. Im Rahmen der Hochschulplanung gibt es eine kontinuierliche Begleitung, Unterstützung und Überprüfung der Umsetzung durch die Leitungsgremien.
Verantwortlichkeiten und Ressourcen	■ Das Hochschulmanagement benennt prozessverantwortliche Personen und Gremien. ■ Es gibt abgestimmte Konzepte.
Gleichstellungsprofil	■ Darstellung der bisherigen gleichstellungspolitischen Ansätze. ■ Es wird eine Stärken-Schwächen Analyse durchgeführt. ■ Es wird ein Hochschulprofil mit den Besonderheiten der Hochschule erarbeitet. ■ Das Gleichstellungskonzept wird mit anderen Steuerungselementen, z.B. Frauenförderplan, Diversity Konzepten u.a. abgestimmt.
Ziele und Prioritäten	■ Formulierung und Terminierung durch die Hochschulleitung. ■ Abstimmung mit anderen Steuerungsinstrumenten. ■ Die Ziele werden zielgruppenspezifisch und passgenau entwickelt und eingebunden in eine Zielhierarchie.
Maßnahmen	■ Auf der Grundlage der Ziele, der Stärken-Schwächen-Analyse wird ein Maßnahmenkonzept entwickelt. ■ Ergebnisse und Wirkungen werden mittels Indikatoren benannt. ■ Der Instrumentenkasten der DFG (www.instrumentenkasten.dfg.de) wird genutzt.
Verbindlichkeiten	Eine hochschulinterne Zielvereinbarung wird – in Abstimmung mit den jeweiligen Landeszielvereinbarungen – beschlossen. Die Zielvereinbarung enthält die Beschreibung und Budgetierung von Maßnahmen, Projekten und Beteiligung an übergeordneten Programmen.
Gleichstellungscontrolling	Monitoring, Analyse und Auswertung der gleichstellungsrelevanten Daten und Aktivitäten werden Teil der Qualitätssicherung.

---

[40] In Anlehnung an die «Handreichung zur Erstellung eines Gleichstellungskonzeptes» (Dr. N. Steinweg, J. Dalhoff), www.wissenschaft.nrw.de/fileadmin/Medien/Dokumente/Hochschule/Gleichstellung/Handreichung_zu_hochschulischen_Gleichstellungskonzepten.pdf (Abfrage 6.1.2015)

5.2 Gender-Aspekte in der Forschung: Leitfragen der Fraunhofer Gesellschaft[41]

Tabelle 26

A. Ziele und Zielgruppen	1. Welche Ziele hat das Forschungsvorhaben?
	2. Welche Personen bzw. Personengruppen sind Adressaten bzw. (künftige) Nutzerinnen und Nutzer?
	Charakterisieren Sie die unterschiedlichen Nutzergruppen anhand von Merkmalen wie Alter, Berufstätigkeit, Bildungsniveau oder Lebensform. Prüfen Sie bei jedem der Merkmale genau, in welchem Maße Frauen und Männer betroffen sind.
	3. Gibt es weitere Personen bzw. Personengruppen, die als potentielle Nutzerinnen und Nutzer in Frage kommen?
	4. Mit welchen Methoden könnten Sie die Nutzergruppen noch besser erschließen?
	5. Welche Informationsquellen könnten Sie dafür nutzen (ergänzt: gender-differenziert aufgebaute Statistiken, Forschungsberichte, Expertinnen und Experten)?
B. Anwendungs- und Nutzungskontext	1. Beschreiben Sie möglichst genau, wie der Anwendungs- und Nutzungskontext für das Produkt/den Produktionsprozess beschaffen sein könnte.
	2. Gibt es gesellschaftliche Rahmenbedingungen bzw. Entwicklungen, die den Nutzungskontext künftig beeinflussen oder verändern werden? ■ gesellschaftliche Arbeitsteilung zwischen Frauen und Männern ■ demografische Entwicklung, Migration und Interkulturalität in Verbindung mit Geschlecht ■ verändertes Rollenverhalten von Frauen und Männern in ihrer Vielfalt
	3. Gibt es über den ursprünglich vorgesehenen Anwendungs- und Nutzungskontexte hinaus weitere Anwendungs- und Nutzungsbereiche, die neue Marktpotentiale eröffnen?
	4. Mit welchen Methoden könnten Sie Anwendungs- und Nutzungskontexte Ihres Forschungsvorhabens noch genauer erschließen? Welche Informationsquellen (ergänzt: insbesondere auch genderspezifische) könnten Sie dazu nutzen?
C. Erwartungen und Wünsche	1. Beschreiben Sie Erwartungen und Wünsche der Nutzer- und Nutzerinnengruppe an das Produkt/den Prozess.
	2. Gibt es gesellschaftliche Rahmenbedingungen bzw. Entwicklungen, welche die Erwartungen und Wünsche beeinflussen werden? ■ gesellschaftliche Arbeitsteilung zwischen Frauen und Männern ■ demografische Entwicklung, Migration und Interkulturalität in Verbindung mit Geschlecht ■ verändertes Rollenverhalten von Frauen und Männern in ihrer Vielfalt

---

[41] In Anlehnung an: Discover Gender, ein Projekt der Fraunhofer-Gesellschaft gefördert durch das BMBF, Berlin 2013. Ergänzt u.a. um Vielfaltsaspekte von Angelika Blickhäuser/Henning von Bargen.

	3. Gibt es physiologische Unterschiede zwischen Frauen und Männer, die sich auf Erwartungen und Wünsche an das Produkt/den Prozess auswirken? 4. Mit welchen Methoden könnten Sie die Erwartungen und Wünsche noch genauer erschließen? Welche Informationsquellen (ergänzt: insbesondere auch gender-spezifische) könnten Sie dazu nutzen?
D. Auswirkungen und Perspektiven	1. Fassen sie die ermittelten Gender- und Diversity-Aspekte zusammen? 2. Wie lassen sich die Gender- und Diversity-Aspekte in der Produktgestaltung/im Prozess berücksichtigen? 3. Wird die Berücksichtigung von Gender- und Diversity-Aspekten zu höherer Akzeptanz bei den Nutzerinnen und Nutzern führen?

5.3 Gender in der Forschung: Gender-Aktions-Plan (GAP)[42]

Gender und Diversity sollten in Forschungsansätzen strukturell und inhaltlich benannt und berücksichtigt werden. Wenn Sie in der Wissenschaft tätig sind, forschen und Forschungsprojekte planen und durchführen, dann finden sie hier Anregungen und Hinweise, wie die Integration von Gender und Diversity gelingen kann.

Tabelle 27

Bausteine eines Gender-Aktions-Plans	1. Gender-Budgetierung in Forschungsprojekte 2. Gender-Verteilung in Forschungsteams 3. weibliche Leitung von Forschungsteams 4. Gender- und Diversity-Berücksichtigung bei Drittmittelforschung 5. Gender- und Frauenforschung ausweisen in Forschungsberichten 6. Gender-Inhalte
GAP liefert Informationen über	1. Identifizierung und Beschreibung von gender-relevanten Forschungsaspekten 2. unternommene Aktionen und Begleitforschung 3. Dokumentation dieser Aktionen 4. Internal Gender-Watch-System der EU Kommission
GAP liefert Auskünfte über	1. die Ausgewogenheit des Forschungsteams, Ermutigung für Frauen, sich zu bewerben 2. Förderung der Gleichstellung auf allen Ebenen 3. Stärkung und Beteiligung von Frauen an der Projektleitung und Gremien 4. Bildung einer gender-sensiblen Struktur, die Mentoring und Netzwerke für Frauen unterstützt
GAP gibt Auskunft über	1. Schaffung einer Gleichstellungsgruppe oder einer anderen adäquaten Struktur 2. Beteiligung an Kooperationen und Informationsmaßnahmen außerhalb des Projekts 3. Förderung von Nachwuchswissenschaftlerinnen

---

42 In Anlehnung an: ebd., www.genderdiverstyportaluni.leuphana.de (Abfrage vom 13.08.2013)

GAP stellt sicher, dass	1. geschlechterdifferenzierte Statistiken erstellt werden
2. Gender-Aspekte in Inhalte, Forschung, Evaluation und Berichterstattung integriert sind
3. die gender-spezifischen Auswirkungen überprüft werden
Im Forschungskonzept/ Forschungsantrag/ Forschungsbericht	1. muss die Differenzierung nach Geschlecht durchgängig beachtet werden
2. wird eine geschlechtergerechte Sprache berücksichtigt, dies gilt auch für die Forschungsergebnisse
3. ist angesichts geschlechterspezifisch unterschiedlicher Lebensverhältnisse und zur Vermeidung von Stereotypisierungen immer eine identische Befragung bzw. Datenerhebung anzuwenden
4. darf das Geschlecht nicht ohne detaillierte Begründung als Variable verwendet werden
Forschungsbereiche sollten	1. Ergebnisse der Frauen- und Gender-Forschung und der kritischen feministischen Forschung kennen und berücksichtigen
2. historisch-generische Untersuchungen der Naturwissenschaften und der technischen Wissenschaften hinsichtlich der Aktivitäten von Frauen und Männern aufgreifen
3. eine Analyse des androzentrischen Bias in der Theorie und Modellbildung und Methodik der Fächer vornehmen
4. sich der männlichen Subjektivität in den Wissenschaften, der sexistischen Terminologie und des biologischen Determinismus bewusst sein
5. interdisziplinäre Forschungsansätze aufgreifen
6. weibliche Forschungsansätze aufgreifen
7. weibliche Forscherinnen kennen und berücksichtigen
8. weibliche Forschungen zitieren und von Mitarbeiterinnen, Mitarbeitern und Studierenden zitieren lassen
9. Frauen-/Gender-Forschung mit interkulturellen und internationalen Ansätzen berücksichtigen
10. den Stand der Gender-Forschung in jeder Fachdisziplin, in jedem Forschungsdesign berücksichtigen
11. alle Geschlechter in jedem Forschungsantrag strukturell berücksichtigen

5.4 Gender in Research: Ein Forschungskreislauf [43]

Tabelle 28a

Ziel	Gleiche Chancen für Männer und Frauen in der Forschung
I. Phase der Ideensammlung	1. Entwickeln Sie gender-sensible Ideen für Ihre Forschungsvorschläge. 2. Erstellen Sie gender-sensible Forschungshypothesen.
II. Phase der Forschungsvorschläge	1. Formulieren Sie gender-sensible Forschungsfragen. 2. Wählen Sie ein gemischtes Team von Frauen und Männern aus. 3. Schaffen Sie geschlechtergerechte Arbeitsbedingungen. 4. Wählen Sie eine geschlechtersensible Forschungsmethode.
III. Forschungsphase	1. Sammeln Sie gender-sensible Daten. 2. Bewerten sie die Arbeit von Frauen und Männern nach den gleichen Kriterien. 3. Organisieren und kontrollieren Sie die Gleichberechtigung der Geschlechter. 4. Analysieren Sie die Daten in einer geschlechtersensiblen Art und Weise.
IV. Darstellungsphase	1. Stellen Sie die Daten auf eine geschlechtersensible Art und Weise dar. 2. Benutzen Sie eine geschlechtergerechte Sprache.

Tabelle 28b: Checkliste für Gender in der Forschung

Chancengleichheit für Frauen und Männer in der Forschung	1. Ist das Projekt oder Projektteam geschlechterausgewogen besetzt, auf allen Ebenen und in allen Entscheidungspositionen? 2. Ermöglichen die Arbeitsbedingungen allen Mitgliedern des Teams Beruf und Familie zufriedenstellend zu kombinieren? 3. Werden Instrumente eingesetzt, z.B. Personalstatistiken, um Geschlechtergerechtigkeit zu etablieren und zu überwachen?
Phase der Ideensammlung	1. Wenn das Forschungsvorhaben Menschen als Forschungsobjekte beinhaltet, ist die Wichtigkeit von Geschlechterfragen für das Forschungsthema analysiert worden? 2. Wenn das Forschungsvorhaben nicht direkt Menschen betrifft, sind die möglicherweise differenzierten Beziehungen zwischen Männern und Frauen bezogen auf das Forschungsthema ausreichend abgeklärt? 3. Wurden relevante Literatur und andere Quellen bezogen auf Geschlechterungleichheiten im Forschungsfeld berücksichtigt?
Phase der Forschungsvorschläge	1. Stellt die Methode sicher, dass mögliche Geschlechterunterschiede (sex/gender) erforscht werden, dass geschlechterdifferenzierte Daten während des gesamten Forschungszyklusses gesammelt und analysiert werden und Teil der Ergebnisdokumentation sind?

[43] In Anlehnung an: Toolkit Gender in EU-funded Research, European Commission, Brüssel 2011, www.yellowwindow.com/genderinresearch (eigene Übersetzung)

	2. Erklärt der Forschungsvorschlag explizit und verständlich, wie Geschlechterfragen bearbeitet werden (z.B. in einem spezifischen Arbeitspaket)? 3. Wurden mögliche differenzierte Resultate und Wirkungen der Forschungen auf Frauen und Männer berücksichtigt?
Forschungsphase	1. Sind Fragebögen, Umfragen, Fokusgruppen (z.B. Testgruppen, Samples...) dazu geeignet mögliche relevante Geschlechterunterschiede (sex/gender) in den Daten zu enträtseln? 2. Sind alle in das Projekt einbezogenen Gruppen (z.B. Stichproben, Testgruppen) geschlechtergerecht zusammengesetzt? Werden die Daten bezogen auf die Variable Geschlecht (sex) analysiert? Werden andere wichtigen Daten in Bezug zu Geschlecht (sex) gesetzt?
Dissemination-Phase	1. Stellt die Analyse die Statistiken, Tabellen, Zahlen und Beschreibungen dar, die sich auf die relevanten Geschlechterunterschiede beziehen, die im Laufe des Projekts herausgearbeitet wurden? 2. Sind Institutionen, Abteilungen und Zeitschriften, die auf sich auf Geschlechterfragen konzentrieren, ebenso in die Zielgruppen der Veröffentlichung einbezogen, wie Forschungsmagazine des Mainstreams? 3. Haben Sie eine spezifische Veröffentlichung oder Veranstaltung zur Darstellung der gender-bezogenen Forschungsergebnisse in Betracht gezogen?

5.5 Lehren mit Gender-Diversity-Kompetenz: Integratives Gendering[44]

5.5.1 Integratives Gendering

Tabelle 29

Gender in der Lehre	«Integratives Gendering» bedeutet, dass in jedem Forschungsansatz, jeder Lehrveranstaltung und jedem Tutorium Gender- und Diversity-Aspekte im alltäglichen Lehr-Lernprozess sowohl inhaltlich als auch didaktisch berücksichtigt werden (sollen).
	Folgende Kategorien von Gender- und Diversity-Aspekten sind im «Integrativen Gendering» in der Lehre zu berücksichtigen: 1. Berücksichtigung von Geschlechterforschung und/oder Forschungsansätzen von Wissenschaftlerinnen 2. Lernziel: Gender-Kompetenz als Schlüsselkompetenz vermitteln 3. Gender-Themen als Inhalt integrieren 4. Diversity-Ansätze integrieren 5. Gender-Diversity-orientierte didaktische Ansätze 6. Gender-Module 7. Gender-Diversity-Aspekte in der Studienorganisation
Integratives Gendering setzt ein an	1. der inhaltlichen Ebene (Fachveranstaltungen) 2. der Verhaltensebene (Personalentwicklung) 3. der Bewusstseinsebene
Integratives Gendering umfasst auch	1. gender-orientierte Methodik und Didaktik 2. Gender-Module 3. Empowerment von Frauen durch situative monoedukative Angebote 4. Mentoringprojekte für Frauen

5.5.2 Lehren mit Gender-Kompetenz: Geschlechtergerechte Didaktik[45]

Tabelle 30

Geschlechtergerechte Didaktik umfasst	1. geschlechtergerechte Betreuung, Interaktion und Kommunikation 2. geschlechterkritische Reflexion von Lehrmitteln, -inhalten, Fachkultur und Selbstverständnis 3. alternative Zugänge zu MINT-Fächern
Geschlechtergerechte Betreuung, Interaktion und Kommunikation bedeutet	▬ ein wertschätzendes Betreuungskonzept für alle Studierenden anzubieten ▬ eine Vielfalt an Arbeitsformen, Lehr- und Lernmethoden anzubieten ▬ eine gleichermaßen anerkennende Haltung gegenüber den Leistungen von Frauen und Männern einzunehmen ▬ Frauen und Männern die gleichen Möglichkeiten zu eröffnen, auf ihren Erfahrungs- und Wissensschatz zurückzugreifen

---

[44] In Anlehnung an: Leuphana Universität Lüneburg: Integratives Gendering nach Jansen-Schulz, 2005–2007

[45] www.uni-hildesheim.de/ueber-uns/organisation/weitere-einrichtungen/gleichstellungsbuero/projektezentren/genderlehre/geschlechtergerechte-didaktik (Abfrage 06.12.2014)

	- keine kontrastierenden Vergleiche zwischen Studentinnen und Studenten anzustellen, sondern Differenzen innerhalb der Geschlechtergruppen wahrzunehmen
- Stigmatisierungen oder Typisierungen qua Geschlecht zu vermeiden
- geschlechtsspezifische Effekte im Seminar z.B. bezüglich Redeverhalten oder Arbeitsteilung zu identifizieren und diesen entgegenzuwirken
- geschlechtergerechtes Handeln in der Seminargruppe und geschlechter-sensiblen Umgang zwischen den Studierenden zu fördern
- geschlechtergerechte Sprache zu verwenden
Geschlechterkritische Reflexion von Lehrmitteln, -inhalten, Fachkultur und Selbstverständnis bedeutet	- denk- und handlungsleitende Vorannahmen hinsichtlich Geschlechterzuschreibungen zu überprüfen und ggf. zu revidieren
- Lehrinhalte in Hinblick auf das immanente Welt- und Menschenbild und darin enthaltene Geschlechterzuschreibungen zu überprüfen und ggf. zu verändern
- Lehrmittel, Unterrichtsmaterialien und Skripte hinsichtlich impliziter Geschlechterzuschreibungen zu überprüfen und ggf. zu verändern
- gleichermaßen weibliche und männliche fachliche Vorbilder anzubieten
- die eigene Fachkultur geschlechterkritisch zu reflektieren, d.h. segregierende Elemente zu erkennen, die Frauen oder Männer aus Studiengängen oder Fächergruppen ausschließen oder sie als wenig attraktiv für ein Geschlecht erscheinen lassen, und ihnen aktiv entgegenzuwirken
- Transparenz in Hinblick auf Geschlechterhierarchien zu fördern
Alternative Zugänge zu MINT-Fächern (Mathematik, Informatik, Naturwissenschaften, Technik) heißt	- Inhalte anwendungsbezogen zu vermitteln
- interdisziplinäre Zusammenhänge und gesellschaftliche Bezüge herzustellen
- Theorie von der Praxis ausgehend zu vermitteln
- Kontakt zu beruflichen Praxisfeldern zu vermitteln

6 Arbeitshilfen zur Anwendung von Gender-Diversity im Rahmen von Personalentwicklung

6.1 Dimensionen von Personalentwicklung [46]

Tabelle 31

Gender in Organisationen	■ Organisationen sind gekennzeichnet durch eine hoch strukturwirksame «Kultur der Zweigeschlechtlichkeit». ■ Die Inszenierungen der Geschlechterverhältnisse, die unterschiedlichen Zugänge und Lebenswirklichkeiten von Frauen und Männern in ihrer Vielfalt wirken permanent auf die Akteure und Akteurinnen in Organisationen ein. ■ Geschlechterverhältnisse werden reproduziert und führen zu einer strukturellen Asymmetrie der (beruflichen) Chancen. ■ Die Orientierung an dem Leitbild Geschlechtergerechtigkeit/Geschlechterdemokratie verändert das Menschenbild in einer Organisation und prägt damit die Personalentwicklung in Richtung Gender-Orientierung
Gender und Personalentwicklung	■ Konzepte der Personalentwicklung sind geprägt durch das zu Grunde liegende Menschenbild. Dieses ist oft geprägt von dem Spannungsfeld: 　■ Der Mensch ist Mittelpunkt. – Der Mensch ist Mittel. Punkt. ■ Personalentwicklung ist das System der aufeinander abgestimmten Maßnahmen, sich auf verschiedenen Handlungsebenen gegenseitig zu fordern und zu fördern. ■ Maßnahmen zielen u.a. auf die Lernfähigkeit einer Organisation als Ganzes. ■ Geschlechterpolitische Zielvorstellungen der Organisation sind Voraussetzung für gender-orientiertes Führungsverhalten und eine gender-orientierte Personalentwicklung

---

[46] Blickhäuser/von Bargen 2005.

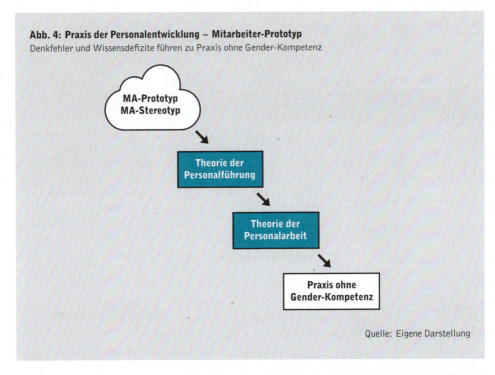

Abb. 4: Praxis der Personalentwicklung – Mitarbeiter-Prototyp
Denkfehler und Wissensdefizite führen zu Praxis ohne Gender-Kompetenz

Quelle: Eigene Darstellung

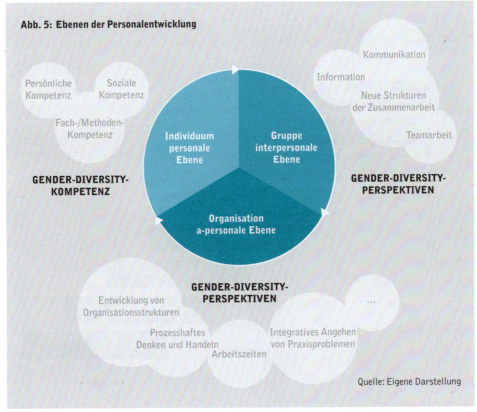

Abb. 5: Ebenen der Personalentwicklung

Quelle: Eigene Darstellung

Abb. 6: Gender-Diversity-Kompetenz in der Personalentwicklung

Falsche These:
Alle Personen im Unternehmen sind gleich zu führen

Generelle soziale Kompetenz

Diversitäts-Ansatz:
Alle im Unternehmen sind verschieden zu führen: Alter, Herkunft...

Diversitäts-Kompetenz

Gender-Diversity-Ansatz:
Personal hat ein Geschlecht und ist gender-diversity-orientiert zu führen

Gender-Diversity-Kompetenz

Quelle: Vgl. Ingelore Welpe (Hrsg.): Personalentwicklung 2020; eigene Darstellung

Abb. 7: Instrumente der Personalentwicklung
Integration von Gender-Diversity-Perspektiven

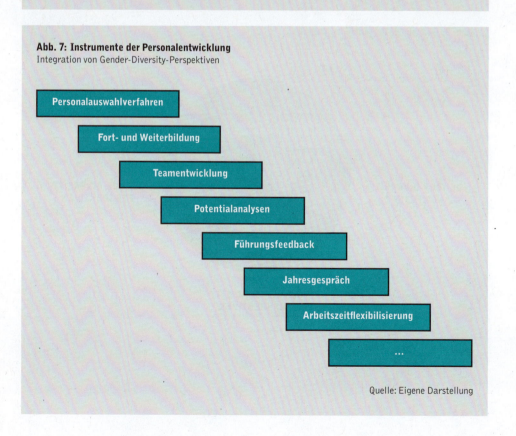

- Personalauswahlverfahren
- Fort- und Weiterbildung
- Teamentwicklung
- Potentialanalysen
- Führungsfeedback
- Jahresgespräch
- Arbeitszeitflexibilisierung
- ...

Quelle: Eigene Darstellung

Tabelle 32

Integration von Gender-Perspektiven in Personalentwicklungs-instrumente	bedeutet für Führungskräfte u.a.: ■ Dimensionen von Führungsverhalten und Anforderungen an Mitarbeiter und Mitarbeiterinnen auf Diskriminierungspotential hin zu überprüfen ■ mit diesen Anforderungen bzw. Dimensionen verbundene Zuschreibungen und Geschlechterrollenstereotypen zu reflektieren ■ ein diskriminierungsfreies und gender-diversity-orientiertes Führungsverhalten zu entwickeln

6.2 Leitfragen zur Erarbeitung eines gender-differenzierten Anforderungsprofils für Führungskräfte[47]

6.2.1 Vier Ebenen eines Anforderungsprofils unter Gender-Diversity-Aspekten

Tabelle 33

Ziel	
Fachliche Kompetenz	■ Über welches Wissen zu gleichstellungspolitischen Strategien verfügt die Führungskraft? ■ Sind interne Konzepte zu Gender und Diversity bekannt? ■ Kann die Beratungskompetenz der Führungskraft mit Gender-Diversity-Kompetenz verbunden werden? (vgl. Gender-Diversity-Kompetenz-Definition in dieser Arbeitshilfenbroschüre) ■ Werden in das geforderte Fachwissen gender-differenzierte Ansätze und Ziele integriert?
Soziale Kompetenzen	■ Welche Fähigkeit zur Reflexion von Geschlechterrollen und vielfältigen Geschlechterrollenbildern ist vorhanden? ■ Welche Fähigkeit zur Selbstreflexion von Geschlechterverhältnissen ist vorhanden? ■ Welche Fähigkeit, in den Arbeitsbeziehungen die spezifischen Bedingungen der Zusammenarbeit unter Männern, unter Frauen und zwischen Männern und Frauen in ihrer Vielfalt zu berücksichtigen, ist vorhanden? ■ Welche Fähigkeit zur Teamarbeit ist vorhanden, und wie werden dabei die unterschiedlichen Zugänge von Männern und Frauen in ihrer Vielfalt zum Nutzen der Organisation eingesetzt? Wird Heterogenität wertgeschätzt? ■ Welche Fähigkeiten zu konstruktiver Kritik, verbunden mit der Berücksichtigung der Unterschiedlichkeit der Mitarbeiterinnen und Mitarbeiter (Gender-Diversity), sind vorhanden?

---

47 Blickhäuser/von Bargen 2014

Führungsstil	■ Welche Instrumente der gender-differenzierten Führung kennen und wenden die Führungskräfte an? Wie integrieren Sie ihre Gender-Diversity-Kompetenz in ihren Führungsstil? ■ Wie wollen sie weibliche und männliche Mitarbeiter (in ihrer Vielfalt) fördern, sodass deren Ziele und Wünsche im Einklang mit den Interessen der Organisation stehen? ■ Welche Unterstützung bieten sie bei der Lösung von Konflikten? Welche Ansätze der gender-differenzierten Konfliktbearbeitung beachten sie dabei?
Indikatoren für Gender-Diversity-Kompetenz	■ Führungskräfte erkennen, akzeptieren und bringen Unterschiede «weiblicher» und «männlicher» Zugänge in ihrer Vielfalt zur Geltung. ■ «Männliche» und «weibliche» Potentiale in ihrer Vielfalt werden als gleichwertig anerkannt und geschätzt. ■ Führungskräfte sind sich gesellschaftlich zugewiesener Geschlechterrollen und Geschlechterrollenbilder bewusst. ■ Führungskräfte unterstützen aktiv die Umsetzung von Gende-Mainstreaming und Diversity-Ansätzen.

6.2.2 Leitfaden: Gender-Diversity-Dimensionen von Führungsverhalten[48]

Individuelle Ebene

Tabelle 34a

Dimensionen		Zuschreibungen/ Geschlechterrollenstereotype	Gender-Diversity orientiertes Führungsverhalten
Selbstreflexionsfähigkeit	Kritik an der eigenen Person zulassen und daraus konstruktive Lösungen entwickeln Über eigenes Verhalten nachdenken und sich selbst in Frage stellen	Selbstkritik ist eine geschlechtsneutrale Anforderung an alle Führungskräfte Wird eher Frauen als Fähigkeit zugeschrieben. Sie gehen eher selbstkritisch mit ihren Fähigkeiten und Kompetenzen um	Eigenes Führungsverhalten unter Geschlechterperspektiven reflektiert – Weitere Diversity Kriterien werden reflektiert Unterschiedliche Geschlechterrollen gleichberechtigt wertschätzen und anerkennen Reflexion eigener Vorannahmen: Was haben diese mit meinen Geschlechterrollenbildern und meiner geschlechtlichen Sozialisation/Biographie zu tun?
Durchsetzungsfähigkeit	Entscheidungen werden auch gegen Einwendungen unter Berücksichtigung	Durchsetzungsfähigkeit wird eher als «männliche Eigenschaft» gewertet	Unterschiedliche männliche und weibliche Zugänge zulassen – im Sinne von Gender-Diversity

[48] www.gender-mainstreaming.net, ehemaliges Wissensnetz des BMFSFJ, heute nicht mehr online; bearbeitet und ergänzt durch Angelika Blickhäuser und Henning von Bargen

		anderer Interessen durchgesetzt	Durchsetzungsverhalten hat sowohl fachliche, soziale und persönliche Dimensionen; als Führungskraft sich dessen auf den unterschiedlichen Ebenen (Organisationsebene, Personalebene, Fachebene) bewusst sein und im Führungsverhalten und der Leistungsbewertung beachten
			Durchsetzungsfähigkeit nicht an männlichen Zugängen messen, sondern Kriterien auf der fachlichen, sozialen und persönlichen Ebene für beide Geschlechter entwickeln
Belastbarkeit	Belastungen durch Zeitdruck und schwierige Arbeits- und Leitungssituationen gewachsen zu sein	Frauen gelten wegen der Zuschreibung der Zuständigkeit für familiäre Belange als weniger belastbar bzw. leistungsfähig	Als Führungskraft tatsächliche statt vermeintliche Lebenslagen von Mitarbeiterinnen und Mitarbeitern in den Blick nehmen
		Männern wird per se eine hohe Belastbarkeit zugeschrieben, traditionelle Männlichkeitsbilder verstärken diese Zuschreibungen	Unterstützung zur besseren Vereinbarkeit von Familie und Beruf für Männer und Frauen in ihrer Vielfalt geben
Verantwortungs- bereitschaft	Fähigkeit, sich der Tragweite der eigenen Verantwortung für Arbeitsabläufe und Entscheidungen bewusst zu sein und die Bereitschaft, sie innerhalb der übertragenen Zuständigkeit zu übernehmen	Wird eher Frauen zugeschrieben	Mögliche Konsequenzen der Übernahme von Verantwortung durch Mitarbeiterinnen und Mitarbeiter hinsichtlich ihrer individuellen und gesellschaftlichen Ausgangsbedingungen (in ihrer Vielfalt) berücksichtigen, wie z.B. soziale und gesundheitliche Aspekte
Selbständigkeit	Fähigkeit, unterschiedlich große Handlungsfreiräume wahrzunehmen und darin eigenverantwortlich zu handeln, Chancen und Gefahren zu erkennen und nach neuen Lösungen zu suchen	Wird eher Männern zugeschrieben	Unterschiedliche männliche und weibliche Handlungsweisen zulassen – im Sinne von Gender-Diversity
		Wird oft höher bewertet als Teamfähigkeit, die eher Frauen zugeschrieben wird	Bewertungskriterien wie Eigeninitiative; aktives Handeln; Mut; die Fähigkeit, Prioritäten zu setzen und eigene Ansichten zu vertreten daraufhin überprüfen, ob sie für alle Geschlechter gleich

			angewendet werden. Welches Verhalten wird bspw. als mutig bezeichnet?
Geistige Beweglichkeit/ Flexibilität	Fähigkeit, sich von gewohnten Denk- und Handlungsweisen zu lösen und sich auf andere Anforderungen und Bedingungen einzustellen	Frauen und Männer, die Familienarbeit übernehmen, entwickeln häufig ein hohes Maß an Beweglichkeit und Flexibilität. Dies wird nicht als Kompetenzfeld gesehen und bewertet.	Fähigkeit, sich von gewohnten Geschlechterrollenbildern in der Organisation zu lösen, in dem diese analysiert und Ziele der Veränderung formuliert sowie Maßnahmen zur Umsetzung entwickelt werden Berücksichtigung von nicht erwerbsarbeitsbezogenen Handlungsfeldern, die z.T. nur dem einen oder anderen Geschlecht zugewiesen sind und in denen beruflich nutzbare Kompetenzen entwickelt werden Aufgeschlossenheit und Toleranz gegenüber Andersartigkeit (Gender-Diversity)
Karriereorientierung		Wird als persönliche Eigenschaft gewertet und Männern eher positiv, Frauen eher negativ zugeschrieben	Karriereorientierung ist abhängig von den geschlechtsspezifisch strukturierten Karrierewegen und der Berücksichtigung von sozialen Verpflichtungen, z.B. bei Teilzeitbeschäftigung

Interpersonelle Ebene

Tabelle 34b

Dimensionen		Zuschreibungen/ Geschlechterrollenstereotype	Gender-orientiertes Führungsverhalten
Soziale Kompetenz		Wird eher Frauen zugeschrieben Wird als weniger wichtig im Vergleich zu fachlicher oder methodischer Kompetenz bewertet	Kriterien sind für männliche und weibliche Führungskräfte gleichermaßen definiert und verbindlich Beschreibung von gesellschaftlichen und persönlichen Hintergründen für die Ausprägung von sozialer Kompetenz
Kritikfähigkeit	Kritik an Zuständen und Personen anderen gegenüber sachlich zum Ausdruck bringen und mit ihnen	Frauen wird eher emotionaleres Verhalten und damit weniger Konfliktlösungskompetenz zugeschrieben	Kritik an eigener Person zulassen. Unterschiedliche «männliche» und «weibliche» Ausdrucksformen bzw. Emotionalitäten zulassen und nicht abwerten

	konstruktive Lösungen suchen	Männer gelten eher als sachlich und damit kritikfähiger	Unterscheidung zwischen sachlicher und persönlicher Ebene im Blick behalten
			Aus der sachlichen Kritik konstruktive Lösungen – auch vor dem Hintergrund unterschiedlicher Geschlechterrollenmuster – entwickeln
Kooperationsfähigkeit	Verbindungen aufnehmen und erhalten. Durch Zusammenarbeit mit anderen gemeinsame Ergebnisse erzielen. Verständnis für die Standpunkte und Interessen anderer sowie Bereitschaft zur Berücksichtigung anderer Auffassungen	Wird eher Frauen zugeschrieben oder gilt als geschlechtsneutral	Durch die Zusammenarbeit mit anderen gemeinsam gute Ergebnisse erzielen
			Der Tatsache Rechnung tragen, dass (geschlechts-)homogen zusammengesetzte Arbeitsgruppen i.d.R. ein wenig schneller zu Arbeitsergebnissen kommen, (geschlechts-)heterogen zusammengesetzte Arbeitsgruppen aber eine vielfältigere Perspektive einbeziehen und so der gesellschaftlichen Realität Rechnung tragen und nachhaltiger arbeiten
Teamfähigkeit	Fördern und Bündeln der Entscheidungs- und Leistungsbereitschaft Einzelner im Team	wird eher Frauen zugeschrieben; Männern werden eher «Leitwolf»-Qualitäten zugeschrieben	Gleichberechtigte Förderung und Forderung der Mitarbeiterinnen und Mitarbeiter. Gleiche Anerkennung und Leistungsförderung.
			Förderung und Forderung von eigenverantwortlichem Handel – im gesetzten Rahmen – bei Mitarbeiterinnen wie Mitarbeitern.
			Fragen der Vereinbarkeit von Familie/Privatleben und Beruf werden für männliche und weibliche Mitarbeitende gleichrangig behandelt
			Offenheit für unterschiedliche männliche und weibliche Zugänge in der Problemanalyse und in der Entwicklung von Lösungen
Kommunikationsfähigkeit	Fähigkeit, Adressatengerecht zu kommunizieren. Auf andere zugehen, mit ihnen reden, auf Personen und Argumente eingehen und	vielfältige Zuschreibungen; z.B. Männer können nicht zuhören, Frauen kommunizieren auf der Beziehungsebene, Männer sind	Beachtung von männlicher und weiblicher Sprache (aktives Zuhören), Respekt vor der Andersartigkeit, Fähigkeit, Mitarbeiterinnen und Mitarbeiter gleichberechtigt anzusprechen

	ihre Rückmeldungen wahrnehmen	sachlicher, Frauen gehen weniger in Konkurrenz	Männer unterschiedliche Zugänge zur Konfliktbereitschaft und zur Lösung von Konflikten haben können Kommunikationsverhalten eher danach beurteilen, ob es der Situation angemessen ist
Einfühlungsvermögen	Erkennen individueller Situationen, sich darauf einstellen können und Rücksicht nehmen	Wird eher Frauen zugeschrieben	Durch Reflexion eigenen Verhaltens und von Geschlechterrollenbildern Einfühlungsvermögen in Menschen und Situationen entwickeln
Erkennen von (Leistungs-) Potentialen	Erfassen der individuellen Stärken und Fähigkeiten der Mitarbeiterinnen und Mitarbeiter	Leistungspotentiale werden oft als geschlechtsspezifisch gewertet. Frauen wird z.B. wegen sozialer Verpflichtungen ein geringeres Leistungspotential unterstellt	Sensibilität für Potentiale jenseits eigener Geschlechterrollenbilder und -muster entwickeln Tatsächliche Lebenslagen, Verpflichtungen und Rahmenbedingungen am Arbeitsplatz von Frauen und Männern berücksichtigen
Anerkennung von Leistungen		Gleichwertige Leistungen von Männern und Frauen werden unterschiedlich bewertet und anerkannt, z.B. Maschinenführung und Kinderbetreuung in der Kita	Wahrnehmung von guter Leistung vor dem Hintergrund der unterschiedlichen Bewertungsmuster von «männlichem» und «weiblichem» Arbeitsvermögen
Konfliktfähigkeit	Erkennen von Konflikten und gemeinsame Suche nach Lösungen	Frauen wird eher emotionaleres Verhalten und damit weniger Konfliktlösungskompetenz zugeschrieben; Männer gelten eher als sachlich und damit konfliktfähiger	Bei der Konfliktanalyse, der Konfliktdiagnose und der Erarbeitung von Lösungsschritten werden Gender-Dimensionen von vornherein einbezogen
Gender-Kompetenz			Bereitschaft, unterschiedliche Lebensrealitäten und Interessen von Männern und Frauen in ihrer gesellschaftlichen Vielfalt wahrzunehmen

Organisationsebene

Tabelle 34c

Dimensionen	Zuschreibungen/ Geschlechterrollenstereotype	Gender-orientiertes Führungsverhalten
Überstunden	Die Bereitschaft zu Überstunden wird eher Männern positiv zugeschrieben und als Einsatzbereitschaft gewertet	Überstunden als Indikator stehen für eine nicht angemessene Arbeitsbemessung oder für Unter- bzw. Überforderung
Verfügbarkeit	Verfügbarkeit gilt als Leistung und wird geschlechtsspezifisch unterschiedlich bewertet	Die Bereitschaft zu Zusatzaufgaben ist für sich noch keine Leistung Das Arbeitsergebnis wird bewertet in Relation zur eingesetzten Arbeitszeit. Die Bereitschaft zu Zusatzaufgaben ist abhängig vom persönlichen Zeitkontingent und muss in Relation zu den sozialen Verpflichtungen gestellt werden
Fort- und Weiterbildung	Frauen wird ein geringeres Interesse an Fortbildung unterstellt	Die Bereitschaft zur Teilnahme an Fortbildungen hängt bei Männern wie Frauen von individuellen und strukturellen Rahmenbedingungen ab sowie dem Nutzen, der auch gender-bezogen unterschiedlich bewertet werden kann
Aufgabenverteilung	Aufgaben werden nicht per se geschlechtsneutral verteilt	Bewusstsein darüber, dass interessante, anspruchsvolle oder zeitaufwendige Aufgaben, auch nach Geschlecht zugewiesen sein können – indirekt über Zuteilung nach Verfügbarkeit
Informations- und Kommunikationsfluss	Gilt ohne weiteres und immer als geschlechtsneutral	Bewusstsein darüber, dass Qualität, Häufigkeit, Anlass etc. des Kommunikationsflusses geschlechtsspezifisch unterschiedlich sein können
Informelle Runden	Bilden sich nicht nur nach «Sympathie» außerhalb der Arbeitszeit	Bewusstsein darüber, das sich informelle Runden auch nach Geschlecht bilden, bzw. indirekt werden Teilzeitbeschäftigte ausgeschlossen; sie dienen außerdem zur informellen Regelung von Sachfragen und Problemen

6.3 Leitfaden zur Entwicklung einer familienorientierten Personalentwicklung für kleine und mittlere Unternehmen [49]

Tabelle 35

Handelnde Personen	<ul><li>Wer ist im Unternehmen zuständig für die Entwicklung und Umsetzung familienfreundlicher Maßnahmen?</li><li>Wer sind die Zielgruppen dieser Maßnahmen? Männer und Frauen in ihrer Vielfalt?</li><li>Gibt es eine_n Ansprechpartner_in im Unternehmen für «Balance von Familie und Beruf»?</li><li>Gibt es interne Servicestellen oder die Zusammenarbeit mit externen Beratungsstellen?</li></ul>
Mögliche Kennzeichen der Unternehmenskultur	<ul><li>Akzeptanz von Familienkarrieren für Männer und Frauen (welcher Familienbegriff wird zugrundegelegt?)</li><li>Mitarbeiterinnen- und Mitarbeitergespräche</li><li>Kontakthaltemöglichkeiten während der Elternzeit</li><li>Fortbildungsmöglichkeiten, Weiterbildung</li><li>Regelungen für die Betreuung bei der Pflege der Angehörigen?</li></ul>
Familienservice	<ul><li>Essen aus der Betriebskantine</li><li>Haushaltsnahe Dienste</li><li>Geburtsbeihilfe</li><li>Kooperation in der Kinderbetreuung</li><li>Belegplätze in Kindergärten</li><li>Unterstützung bei der Kinderbetreuung in Notsituationen</li><li>Zuschuss zur Kinderbetreuung</li><li>Unterstützung bei der Pflege</li><li>Aushilfstätigkeit für Angehörige</li><li>Unterstützung von Elterninitiativen</li><li>Zusammenarbeit mit externen Dienstleistern zur Vereinbarkeit von Familie und Beruf</li><li>Beratung bei der Betreuung von Eltern und Angehörigen</li></ul>
Zeit- und Arbeitsablauf-Management	<ul><li>Pausen</li><li>Urlaubsregelungen</li><li>Sonderurlaub</li><li>Gleitzeit</li><li>Jahresarbeitskonten</li><li>abgestufte Teilzeit</li><li>Teilzeit während der Elternzeit</li><li>Arbeit mit nach Hause nehmen</li><li>Alternierende Telearbeit</li><li>Teamarbeit</li><li>früher beruflicher Wiedereinstieg</li><li>Eltern-Kind-Arbeitszimmer</li></ul>

---

[49] DIHK, BMFSFJ, berufundfamilie gmbh (Hrsg): Familienorientierte Personalpolitik, Checkheft für kleine und mittlere Unternehmen. Ergänzt und bearbeitet von Angelika Blickhäuser und Henning von Bargen, 2014; www.bmfsfj.de/RedaktionBMFSFJ/Broschuerenstelle/Pdf-Anlagen/familienorientierte-personalpolitik-checkheft,property=pdf,bereich=,sprache=de,rwb=true.pdf (Abfrage 20.2.2015)

6.4 Leitfragen zu Gender-Diversity am eigenen Arbeitsplatz[50]

Tabelle 36

Arbeitsgebiet	▬ Was sind Ihre spezifischen Arbeitsaufgaben bzw. thematischen Schwerpunkte? ▬ Woran arbeiten Sie zurzeit ganz konkret?
Identifikation von Gender- und Diversity-Dimensionen	▬ Welche Gender- und ggf. andere Diversity-Dimensionen können Sie in Ihren jeweiligen Aufgabengebieten und Themenschwerpunkten erkennen? ▬ Werden Männer und Frauen (in ihrer Vielfalt) implizit oder explizit angesprochen? Ggf. wie? ▬ Wo sind Frauen und Männer (in ihrer Vielfalt) implizit oder explizit beteiligt? ▬ Wie könnten Frauen und Männer (in ihrer Vielfalt, Gender-Diversity) durch die Maßnahmen unterschiedlich erreicht werden?
Ziele	▬ Was sind die Ziele in den jeweiligen Arbeitsaufgaben, Themenschwerpunkten oder dem Projekt? ▬ Welche gender-differenzierten Ziele können Sie formulieren? ▬ Welche weiteren Diversity-Ziele können Sie formulieren?
Maßnahmen	▬ Welche Gender und ggf. weitere Diversity bezogene Daten brauchen Sie, um in Ihrem Arbeitsgebiet gender-differenziert arbeiten zu können? ▬ Wie können Sie Ihre jeweiligen Fachaufgaben mit den Analysekategorien Gender und Kultur anreichern? ▬ Welche Qualitätsverbesserung erzielen Sie mit diesem Ansatz? ▬ Welchen Nutzen haben die Zielgruppen von der Anwendung dieser Analysekategorien?
Rahmenbedingungen	▬ Welche Bedingungen sind förderlich, um gender-differenziert zu arbeiten? Welche Bedingungen sind förderlich, so dass weitere Diversity-Kriterien berücksichtigt werden können? ▬ Was sind Hindernisse in der Organisationsstruktur? ▬ Welche weitere Unterstützung brauchen Sie?

6.5 Leitfragen: Gender-Diversity-Check zur Vereinbarkeit von Beruf und Privatleben[51]

Dieser Fragebogen kann von zu Beratenden oder in Teams eingesetzt werden, um zu erkunden, wie Fragen der Vereinbarkeit und Ansätze zur Unterstützung der Vereinbarkeit im Unternehmen wahrgenommen werden.

---

50 Blickhäuser/von Bargen, 2014
51 European Training Network c/o Bundesarbeitskreis ARBEIT UND LEBEN (Hrsg.): Gender-Check – Eine Aktion zur Förderung der Balance von Beruf und Privatleben für Frauen und Männer in Europa, S. 50–55; überarbeitet, verkürzt und ergänzt von A. Blickhäuser und Henning von Bargen, 2014

Tabelle 37a: Ihre persönliche Situation in Bezug auf die Vereinbarkeit von Beruf und Privatleben

Fragestellung	Antwortmöglichkeiten
1. Wie schätzen Sie Ihre persönliche Situation in Bezug auf Vereinbarkeit von Beruf und Familie ein? Welche Stolpersteine sehen Sie in Ihrer jetzigen Situation? Welche gab es zu verschiedenen Zeiten in Ihrer Biografie?	
2. Haben Sie in Ihrem Berufsleben jemals Arbeitsverhältnisse unterbrochen? Weswegen?	
3. Für welche Aktivitäten wünschen Sie sich mehr Flexibilität durch Ihr Unternehmen?	☐ Politisches Engagement ☐ Bürgerschaftliches Engagement ☐ Pflege von Angehörigen und anderen ☐ Kinderbetreuung ☐ Kulturelle Aktivitäten ☐ Pflege sozialer Beziehungen ☐ Weiterbildung ☐ Freizeit/Sport ...
4. Wenn Sie Kinder oder andere Angehörige zu betreuen haben, welche Unterstützung durch Ihren Arbeitgeber/Ihre Arbeitgeberin erhalten Sie? Welche Unterstützung würden Sie sich (darüber hinaus) wünschen?	

Tabelle 37b: Die Situation in Ihrer Organisation

Fragestellung	Antwortmöglichkeiten
1. Halten Sie Ihre Organisation eher für eine «männlich» oder eine «weiblich» orientierte Organisation? An welchen Kriterien machen Sie dies fest?	
2. Gibt es in Ihrer Organisation einen Gender-Diversity-Bericht oder einen Gleichstellungsbericht bzw. einen Gleichstellungsplan? Kennen Sie diesen? Halten Sie einen solchen Bericht für sinnvoll und wenn ja, warum?	
3. Arbeitet Ihre Organisation an Maßnahmen, die die Vereinbarkeit von Beruf und Privatleben ihrer Beschäftigten erleichtern sollen? Kennen Sie diese?	

Tabelle 37c: Recht, Regelungen, Vereinbarungen und Umsetzung

Fragestellung	Antwortmöglichkeiten
Eine Reihe von Maßnahmen ermöglicht eine bessere zeitliche Vereinbarkeit von Berufs- und Privatleben. Kennen Sie nebenstehende Regelungen?	☐ Elternzeit ☐ Freistellung zur Pflege eines kranken Kindes ☐ Freistellung für Palliativpflege/med. Versorgung ☐ Freistellung für Weiterbildung und Qualifizierung ☐ Freistellungsregelungen für das Ehrenamt
Werden Fragen der Vereinbarkeit von Beruf und Privatleben in Tarifverträgen der für Sie zuständigen Gewerkschaft/en oder in Betriebsvereinbarungen geregelt?	
Wie werden die Beschäftigten von der Geschäftsleitung, der Personalabteilung oder vom Betriebsrat/Personalrat über Möglichkeiten zur Förderung der Vereinbarkeit informiert?	

Tabelle 37d: Arbeits- und Zeitorganisation

Fragestellung	Antwortmöglichkeiten
Zur Arbeits- und Zeitorganisation in Ihrem Betrieb	☐ Es gibt keine besonderen Modelle, die der Vereinbarkeit Rechnung tragen. ☐ Die Bedürfnisse der Beschäftigten zur besseren Vereinbarkeit werden vor allem bei der Urlaubsplanung berücksichtigt. ☐ Es gibt Arbeits- und Zeitorganisationsmodelle, z.B. flexible Arbeitszeit, Jobsharing, Heimarbeit, die die Vereinbarkeit erleichtern sollen. ☐ Es gibt weitere Regelungen, z.B.: _____
Wie wird das Thema Teilzeitarbeit in Ihrer Organisation gesehen?	☐ Sie betrifft Frauen stärker als Männer. ☐ Sie ist eine gezielte Entscheidung der Beschäftigten, die es ihnen ermöglicht, Beruf und Privatleben zu verschränken.

Tabelle 37e: Perspektiven

Fragestellung	Antwortmöglichkeiten
Was sollte in Ihrer Organisation bezogen auf die Gleichstellung von Frauen und Männern (in ihrer Vielfalt) verbessert werden?	☐ Alternativen für Teilzeitarbeit von Frauen/Männern finden ☐ Bei atypischen oder zeitversetzten Arbeitszeiten handeln (spätabends, frühmorgens, samstags, nachts...)

	☐ Eine Betriebskinderkrippe einrichten oder wohnsitznahe Betreuungsweisen entwickeln
	☐ Teilzeit zur Anpassung an Schulschlusszeiten und für die Schulferien
	☐ Freie Gestaltung der Arbeitszeiten durch die Einrichtung von Arbeitszeitkonten
	☐ Einen betrieblichen Mobilitätsplan organisieren: Fahrplan und Frequenz des Personennahverkehrs anpassen
	☐ Stoßzeiten meiden, Schul- oder Kinderkrippenzeiten berücksichtigen
	☐ Jobsharing (Partner-Teilzeit) praktizieren
	☐ Dienstleistungschecks oder Hausmeisterdienste im Betrieb anbieten (in der Firma angebotene private Dienstleistungen)
	☐ Männer und Väter durch Maßnahmen der Personalpolitik zur aktiven Beteiligung an Gleichstellungsinitiativen ermutigen

6.6 Leitfragen für gender-diversity-sensible Orientierung von Zielvereinbarungen[52]

Tabelle 38

Arbeitsgebiet	■ Was ist Ihr Arbeitsbereich? ■ Was sind die Themen und Aufgaben, die von Ihnen und Ihren Mitarbeiterinnen und Mitarbeitern bearbeitet werden?
Identifikation von Zielen	■ Beschreiben Sie ein bis zwei gender-bezogene Ziele, die Ihre Mitarbeiterin oder Ihr Mitarbeiter in diesem Arbeitsgebiet umsetzen. ■ Können ggf. weitere Diversity-Dimensionen einbezogen werden? ■ In welchen Bereichen soll im nächsten Jahr die Einbeziehung von Gender-Diversity stärker verfolgt werden?
Identifikation von Gender-Diversity-Dimensionen in der Umsetzung	■ Was genau soll mit der Maßnahme vor dem Hintergrund der Zielformulierung für verschiedene Zielgruppen erreicht werden? ■ Was verbessert sich durch die Berücksichtigung der Kategorien «Gender» und «Diversity» als soziale oder Analyse-Kategorie in der Maßnahme, im Projekt, bei der Themenbearbeitung? ■ Woran messen Sie, dass Sie ihre gender-diversity-orientierten Ziele erreicht haben? ■ Bis wann soll das gender-diversity-orientierte formulierte Ziel erreicht werden?

[52] Blickhäuser/von Bargen, 2014

Unterstützung der Mitarbeiterin/des Mitarbeiters	<ul><li>Stellt die Formulierung von gender-diversity-orientierten Zielen eine Herausforderung für Sie dar?</li><li>Ist das gender-diversity-orientierte Ziel mit den vorhandenen Ressourcen zu verwirklichen?</li><li>Welche gender-differenzierten Daten brauchen Sie, um das Ziel erreichen zu können?</li><li>Welche Unterstützung brauchen Sie?</li></ul>
Vereinbarungen	<ul><li>Entwicklung eines Maßnahmenkatalogs (Projektplan)</li><li>Erster möglicher Beginn der Umsetzung</li><li>Zeitrahmen bis zur Zielerreichung festlegen</li><li>Rahmenbedingungen beschreiben (die Erreichung des gender-diversity-bezogenen Ziels ist nur möglich, wenn … ; das Ziel ist nur in Kooperation und Abstimmung mit … zu erreichen)</li><li>Formulierung von Meilensteinen und Zwischenschritten</li><li>Verantwortung klären</li></ul>

6.7 Leitfragen für gender-sensible Orientierung in Mitarbeitendengesprächen

Tabelle 39

Vorbereitungsbogen zum Mitarbeiter_innen-Vorgesetzten-Gespräch von: Datum:	Gender-Dimensionen
Die Fragen dienen als Anregung oder Leitfaden für die persönliche Vorbereitung. Das Gespräch soll sich auf dieser Grundlage als offener Dialog entfalten, muss sich aber nicht an diese Vorlage halten.	<ul><li>Wer ist beteiligt?</li><li>Welche Konstellation und welcher sozio-kulturelle Hintergrund, welche Lebensumstände sind relevant?</li><li>Mit welchen Perspektiven und Vorannahmen gehe ich als Mann/als Frau in das Gespräch?</li></ul>
1. Zum Thema «Rückschau»<ul><li>Für welche Tätigkeitsbereiche haben Sie im vergangenen Jahr einen Großteil Ihrer Zeit aufgewendet?</li><li>Was gelang Ihnen im letzten Jahr gut, was ist verbesserungswürdig?</li><li>Welche organisatorischen Maßnahmen scheinen Ihnen sinnvoll zur Verbesserung der Abläufe in unserer Arbeit?</li><li>Halten Sie neben den organisatorischen Maßnahmen zur Verbesserung der Arbeit auch andere Maßnahmen und Änderungen für notwendig?</li></ul>	<ul><li>Gibt es unterschiedliche Gewichtungen und Bewertungen der Tätigkeitsbereiche, in denen vorwiegend Frauen oder vorwiegend Männern arbeiten?</li><li>Werden Erfolgskriterien gender-bezogen unterschiedlich formuliert und bewertet?</li><li>Sind diese gender-bezogen unterschiedlich?</li><li>Wie bewerten das die Beteiligten?</li></ul>
2. Zum Thema «Zielvereinbarung»<ul><li>Welche Ihrer Ziele des Vorjahres haben Sie erreicht, welche nicht? Gründe für das Erreichen bzw. das Nichterreichen?</li><li>Welche Ziele sehen Sie für das kommende Jahr?</li></ul>	<ul><li>Welche Auswirkungen hatte die Formulierung und Umsetzung der Ziele Ihrer Einschätzung nach auf die Zielgruppen, insbesondere auf die verschiedenen Geschlechtergruppen?</li></ul>

3. Zum Thema «Persönliche Perspektiven» ■ Welche Zielvorstellungen und Interessen haben Sie für Ihre weitere berufliche Tätigkeit? ■ Was erwarten Sie in dieser Hinsicht von Ihrem/Ihrer Vorgesetzten? ■ Was können Sie und wollen Sie selbst dazu beitragen?	■ Werden Zielvorstellungen/Interessen von Frauen und Männern (in ihrer Vielfalt) unterschiedlich aufgenommen und bewertet?
4. Zum Thema «Zusammenarbeit» ■ Was sollte aus Ihrer Sicht in der Zusammenarbeit mit Ihrem Kollegen/Ihrer Kollegin, Ihrem/Ihrer Vorgesetze/n beibehalten werden, was sollte sich ändern? ■ Wie beurteilen Sie Form und Inhalt der MitarbeiterInnenbesprechungen/Klausuren?	■ Berücksichtigen Änderungsvorschläge gender-differenziert Zugänge und Sichtweisen von Frauen und Männern? ■ Gibt es unterschiedliche Wahrnehmungen von und im Umgang mit Konflikten? ■ Gibt es gender-bezogen unterschiedliche Beurteilungen?
5. Zum Thema «Führung» ■ Wie erleben Sie den/die Vorgesetze/n in Hinblick auf Umgang z.B. mit Lob, Kritik, Unterstützung, etc.?	■ Gibt es gender-bezogen unterschiedliche Beurteilungen z.B. in Bezug auf Präsentation und Durchsetzungsvermögen?
6. Zum Thema «Feedback» ■ Erwünschtes Feedback zu: ... Vielen Dank!	■ Führungskraft muss den Rahmen für die Thematisierung von Gender-Aspekten schaffen

6.8 Leitfragen: Gender-differenzierte Konfliktbearbeitung[53]

Tabelle 40

Prävention	■ Regeln vereinbaren
Vorbereitung/ Voraussetzungen	■ Eigene Rolle klären: Bin ich Beteiligte_r oder soll ich eine Moderation übernehmen? Eigene Einstellungen und Verhalten reflektieren: Mit welchen Geschlechterrollen- und Vielfaltsbildern arbeite ich? ■ Sich über das Konfliktfeld orientieren: Ist eine Gender-Diversity-Analyse der Organisation möglich? ■ Beteiligung der Parteien klären: Wie sind die Geschlechterverhältnisse in diesem Konflikt? Wie sind diese mit anderen Diversity-Kriterien verknüpft? ■ Welches Geschlecht hat die Moderatorin/der Moderator? Verfügt diese über Gender-Diversity-Kompetenzen? Welche Auswirkungen könnte das Geschlecht in der vorherrschenden Geschlechterkonstellation haben? Welche weiteren Diversity-Kriterien müssen – in Verbindung mit Gender – beachtet werden? ■ Welche Gender-Diversity-Kompetenz ist zur Konfliktlösung vorhanden?

---

53 Blickhäuser/von Bargen, ergänzt von Baumann/Stubican, 2014.

	■ Die Ziele und Wege der Konfliktbearbeitung sind zu klären. Sind unterschiedliche Herangehensweisen anhand von Geschlechterstrukturen (in Verbindung mit weiteren Diversity-Dimensionen) erkennbar und notwendigerweise einzubeziehen? ■ Regeln der Konfliktbearbeitung vorstellen ■ Rahmenbedingungen festlegen: Zeitpunkt, Beginn, Ende, usw.
Konflikte erfassen und analysieren/ Konfliktdiagnose	■ Klare Beschreibung der Parteien und deren Probleme und Konflikte. Gibt es strukturell bedingte Gender-Diversity-Fallen in der Organisation? ■ Herausarbeiten der zentralen Themen ■ Analyse der Konflikte und Konfliktthemen: Liegen die Konflikte eher auf der Beziehungsebene oder der Sachebene? Sind es heiße oder kalte Konflikte? Auf welcher Eskalationsstufe befindet sich der Konflikt? Gibt es unterschiedliche Zugänge von Männern und Frauen zu Konflikten, Gender-Diversity beachten! ■ Wer profitiert von dem Konflikt? Möglichen Nutzen von Konflikten für die Beteiligten herausarbeiten. ■ Vertiefende Analyse der Ursachen und Bedingungen eines Konfliktes ■ Gender-orientierte Kommunikationsregeln beachten
Konfliktbearbeitung/ Konfliktgespräch	■ Wichtige Anliegen bewusst machen ■ Lösungsmöglichkeiten erarbeiten ■ Bewertung der Lösungsmöglichkeiten – unterschiedliche «männliche» und «weibliche» Bewertungsmuster beachten
Vereinbarung	■ Lösung auswählen ■ Begleitung und Lösungsauswertung vereinbaren ■ (Vertragliche) Festlegung der Vereinbarung
Auswertung	■ Nacharbeit

6.9 Gender-Mainstreaming in der Personalbeurteilung[54]

Personalbeurteilung stellt eine hohe Anforderung an Führungskräfte dar. Die Beurteilung von Mitarbeiterinnen und Mitarbeitern kann sachfremden Einflussfaktoren unterliegen. Eine grundsätzliche Erkenntnis diskriminierungsfreier Personalentwicklung ist daher, Leistungsmerkmale und die Beurteilungspraxis auf solche Einflussfaktoren zu untersuchen und gegebenenfalls zu verändern.

Die nachfolgenden Einflussdimensionen (nach Fried, Wetzel und Baitsch: Wenn zwei das Gleiche tun… – Diskriminierungsfreie Personalbeurteilung. S. 32) wurden als relevant im Zusammenhang mit den Leistungsmerkmalen für die Beurteilung identifiziert. Dabei soll hier betont werden, dass die genannten Dimensionen nicht als Eigenschaften von Frauen und Männern, sondern als gesellschaftliche Zuschreibungen zu verstehen sind.

[54] Senatsverwaltung für Justiz: Dokumentation des Projekts Gender-Mainstreaming in der Personalentwicklung, Oktober 2006; www.berlin.de/imperia/md/content/senatsverwaltungen/senwaf/gm/doku_personalbeurteilung_senjust.pdf?start&ts=1169731873&file=doku_personalbeurteilung_senjust.pdf (Abfrage 20.2.2015)

Tabelle 41

Einflussdimension	Zuschreibung: weiblich	Zuschreibung: männlich
1. Berufslaufbahn	■ unterbrochen	■ kontinuierlich
2. Berufskarriere	■ wenig Aufstiegsinteresse	■ häufig beträchtliche Ambitionen
3. Kooperations- und Konfliktfähigkeit	■ konfliktvermeidend, ■ konsensorientiert ■ kooperationsbereit	■ konfliktbereit, widerspruchsorientiert, durchsetzungsorientiert
4. Kommunikationsverhalten	■ Sorge für die Aufrechterhaltung der Kommunikation durch aktives Zuhören und Körperhaltung ■ leicht unterbrechbar, wenig unterbrechend ■ Argumentation häufig durch Fragen, tendenziell konsensorientiert ■ Neigung zur defensiven Selbstdarstellung	■ Initiierung und Steuerung von Kommunikation ■ häufiges Unterbrechen ■ Argumentation häufig durch Behauptungen, tendenziell konfrontativ ■ Neigung zur offensiven Selbstdarstellung
5. kognitive Stile	■ praktische Intelligenz ■ Intuition	■ theoretische Intelligenz ■ Rationalität
6. Autonomiebedürfnis, Selbständigkeit	■ tendenziell weisungsorientiert, tendenziell wenig entscheidungsfreudig	■ tendenziell wenig weisungsorientiert, tendenziell autonomes Entscheiden

Hinweise zur Beurteilungspraxis – Fragen zur Selbstreflexion

Die folgenden Fragen wurden als relevant gewertet für die Identifizierung möglicher Beeinflussungen, die durch das soziale Geschlecht einer Person entstehen können:

Tabelle 42

Kommunikation Vorgesetzte zu Mitarbeiterin/Mitarbeiter	■ Mit wem spreche ich in meiner Dienststelle häufiger? ■ Mit wem bespreche ich schwierige Aufgaben? ■ Von wem nehme ich Vorschläge für die Erledigung der Aufgaben an?
Aufgabenverteilung	■ Welche Aufgaben habe ich aus welchen Gründen der oder dem zu Beurteilenden im Beurteilungszeitraum übertragen? ■ Habe ich mit dem oder der zu Beurteilenden in den Mitarbeitendengesprächen über die Aufgabenverteilung gesprochen? Mit welchem Ergebnis? ■ Welche Wünsche hat die oder der zu Beurteilende? Wie war meine Reaktion? Was war das Ergebnis?
Teilzeitbeschäftigte	■ Welche Einsatzbereitschaft erwarte ich von Teilzeitbeschäftigten? ■ Welche Arbeitsleistung erwarte ich von der/dem zu beurteilenden Mitarbeiterin oder Mitarbeiter in Teilzeit? ■ Habe ich durch eine Gegenüberstellung von Aufgaben und verfügbarer Arbeitszeit schon einmal überprüft, ob meine Erwartungen stimmen?

- Stört mich die eingeschränkte Verfügbarkeit des Mitarbeiters, der Mitarbeiterin?
- Habe ich den Mitarbeiterinnen oder Mitarbeitern verantwortungsvolle Aufgaben übertragen?
- Wie habe ich die Personalentwicklung des oder der Mitarbeiter_in gefördert?
- Bei ehemaligen Vollzeitarbeitskräften: welcher Anteil der Aufgaben wurde auf andere Mitarbeitende übertragen? Entspricht dieser dem neuen Stundenvolumen?
- Welcher organisatorische Aufwand war mit der Einrichtung der Teilzeitstelle verbunden? Hat dies Auswirkungen auf die Einschätzungen der Leistungen der Teilzeitkraft?

6.10 Prüffragen zur diskriminierungsfreien Bewertung von Tätigkeiten[55]

Nach wie vor beträgt die Einkommensdifferenz bei Vollzeitbeschäftigung von «Frauen-» zu «Männer-» Einkommen bis zu 30 Prozent. Und nach wie vor ist die Entgeltdifferenz durchgängig in allen Branchen und Hierarchieebenen zu beobachten. Die Einkommensunterschiede zwischen Frauen und Männern werden oft damit begründet, dass Frauen auf unteren und mittleren Hierarchieebenen sowie in Wirtschaftszweigen mit niedrigem Verdienstniveau beschäftigt sind oder durch Kindererziehungszeiten ihre Berufstätigkeit unterbrechen. Doch es fragt sich, warum Berufe oder Wirtschaftszweige, in denen überwiegend Frauen arbeiten, so niedrig bezahlt werden oder warum Frauen, die gleich hoch qualifiziert sind wie ihre männlichen Kollegen, schlechter bezahlt werden. Die Verdienste haben offensichtlich auch etwas damit zu tun, ob Tätigkeiten als «frauentypisch» oder «männertypisch» gelten.

Wer eine Ungleichbehandlung (aufgrund des Geschlechts) feststellen will, muss also nicht nur gleichartige Tätigkeiten von Männern und Frauen heranziehen, sondern auch verschiedenartige, jedoch gleichwertige Tätigkeiten vergleichen.

---

[55] Dr. Karin Tondorf (2002): 10 Prüffragen zur diskriminierungsfreien Überprüfung von Tätigkeiten, zitiert nach ver.di, Tarifpolitische Grundsatzabteilung; http://bundesinitiative-gleichstellen.verdi.de/arbeitshilfen/arbeitshilfen/ah_entgeltgleichheit/data/flyer_entgeltgleichheit.pdf (Abfrage 20.2.2015)

Tabelle 43

Bewertungskriterien	■ Werden die Tätigkeiten sämtlicher im Tarifbereich Beschäftigten nach einheitlichem Maßstab bewertet, unabhängig davon, ob sie von Frauen oder Männern, von Arbeiterinnen oder Angestellten oder von unterschiedlichen Berufsgruppen verrichtet werden? Mit anderen Worten: Werden die Tätigkeiten nach denselben Bewertungskriterien und nach demselben Verfahren bewertet?
Wesensmerkmale	■ Berücksichtigen die ausgewählten Bewertungskriterien die Wesensmerkmale der Tätigkeiten? ■ Fehlen Kriterien, die wesentliche Anforderungen widerspiegeln?
Bedeutung	■ Haben alle derzeit verwendeten Kriterien (noch) Bedeutung für die zu verrichtende Tätigkeit?
Tätigkeitsbeschreibungen	■ Ist tariflich geregelt, dass Arbeits- bzw. Tätigkeitsbeschreibungen die Grundlagen der Bewertung bilden müssen?
Transparenz	■ Ist das Entgeltsystem transparent? ■ Können Beschäftigte überprüfen, worauf individuelle Unterschiede beim Grundentgelt zurückzuführen sind?
Diskriminierungsfreiheit	■ Sind die verwendeten Kriterien diskriminierungsfrei definiert?
Keine doppelte Bewertung	■ Ist sichergestellt, dass sich die verwendeten Bewertungskriterien nicht inhaltlich überschneiden, so dass dieselbe Anforderung unter verschiedenen Bezeichnungen doppelt bewertet wird?
Kopplung	■ Sind Bewertungskriterien aneinandergebunden, so dass eine Anforderung nur dann bewertet wird, wenn auch die andere von Bedeutung ist?
Gewichtung	■ Sind Bewertungskriterien diskriminierungsfrei und verhältnismäßig gewichtet?
Bewertung	■ Ist das Entgeltsystem insgesamt so beschaffen, dass Diskriminierungen aufgrund des Geschlechts ausgeschlossen sind?

7 Arbeitshilfen für die Erwachsenenbildung

7.1 Leitfragen zur politischen Bildungsarbeit aus geschlechterpolitischen Perspektiven[56]

Tabelle 44

Bestandsaufnahme	
	■ Wie hoch ist der Anteil von Veranstaltungen, die sich **explizit** mit frauenpolitischen, geschlechterpolitischen und männerspezifischen Themenstellungen beschäftigen? Wie hoch ist der Anteil der Veranstaltungen, in denen verschiedene Gender- und Diversity-Kriterien explizit miteinander verknüpft werden?
	■ Wie hoch ist der Anteil der finanziellen Mittel, die in diese Veranstaltungen fließen?
	■ Wie hoch ist der Anteil von Veranstaltungen, die genderdifferenziert aufbereitet sind, d.h. in deren Konzeption genderdifferenzierte Zugänge von vornherein eingearbeitet sind? Wie wird diese implizite Verankerung transparent gemacht?
	■ Wer ist an der Planung und Vorbereitung dieser Veranstaltungen beteiligt? Über welche fachlichen Gender-Diversity-Kompetenzen verfügen diese Personen? Wie werden diese ggf. vorbereitet?
	■ Welche Zielgruppen sollen durch die politische Bildungsveranstaltung angesprochen werden? In welcher Form werden verschiedene Vielfaltskriterien mit gender-bezogenen Kriterien verbunden?
	■ Wie werden die Moderatorinnen und Moderatoren auf genderbezogene Inhalte und Aspekte der politischen Veranstaltung hingewiesen und ggf. gezielt vorbereitet?
	■ Wird von den Referentinnen und Referenten erwartet, dass sie ihre Inhalte gender-differenziert aufbereiten?
	■ Wie hoch ist der Anteil an Referentinnen? Werden gezielt Frauen für Fachreferate angesprochen und Männer für gleichstellungspolitische Fragestellungen?
	■ Werden die Honorare für Moderatorinnen und Moderatoren bzw. Referentinnen und Referenten gender-differenziert analysiert?
	■ Gibt es eine spezielle Unterstützung zur Begleitung von Gender-Mainstreaming-Prozessen und der Transferbegleitung?

56 Darstellung in Anlehnung an Barbara Stiegler, in: Wie Gender in den Mainstream kommt: Konzepte, Argumente und Praxisbeispiele zur EU-Strategie des Gender-Mainstreaming, Bonn 2000, S. 31. Modifiziert von Angelika Blickhäuser und Henning von Bargen, 2014.

Ziele definieren und festschreiben	■ Männer und Frauen in ihrer Vielfalt haben gleiche Partizipationschancen: als Teilnehmende von Veranstaltungen, als Referierende, als Fachleute, als Moderatorinnen und Moderatoren. ■ Die Fachinhalte sind gender-differenziert von den Vortragenden aufbereitet. Falls dieses Wissen nicht vorhanden ist, werden gender-differenzierte Zugänge und Fragestellungen ermittelt. ■ Spezifische Angebote für männliche und weibliche Zielgruppen werden ermittelt. Diese sollen begründet werden.
Maßnahmen entwickeln	■ Jedes Projekt wird in der Konzeptphase gender-differenziert analysiert. ■ Aufgrund der Analyse werden spezifische Maßnahmen oder Zugänge entwickelt und gender-sensible Instrumente eingesetzt. ■ Gender-Diversity-Kompetenz bzw. Gender-Diversity-Expertise ist gezielt einzubeziehen. ■ Die Auswahl von Moderatorinnen und Moderatoren, Referentinnen und Referenten erfolgt nach vorab entwickelten Kriterien.
Auswertung der eigenen Arbeit unter gender-differenzierten Aspekten	■ Welche Ziele und welche implizierten oder daraus abgeleiteten Gender-Aspekte hatte das Projekt? ■ Welche Maßnahmen wurden entwickelt? Welche Kriterien des Erfolgs wurden festgelegt? ■ Wie wird die Maßnahme nach Ablauf bewertet? ■ Welche Gründe können für Erfolge, Teilerfolge und Misserfolge analysiert werden? ■ Schlussfolgerungen für weitere politische Bildungsprojekte

7.2 Leitfragen zur gender-sensiblen Planung von Projekten der politischen Bildung[57]

Tabelle 45

Projekt	■ Projekttitel: Ist der Titel gender-sensibel und diskriminierungsfrei formuliert? ■ Projektverantwortung: Ist die Arbeit als Gender-Team möglich? ■ Projektbearbeitung: Verantwortliche, Verantwortlicher ■ Projektgruppe: Wie vielfältig ist diese zusammengesetzt?
Finanzen	■ Kostenarten (z.B. Honorare, Unterkunft/Verpflegung, Reisekosten, Öffentlichkeitsarbeit...): Gibt es Gründe für Differenzierungen nach Gender-Diversity-Kriterien? ■ Dokumentation der Abweichung von den geplanten Kosten: Betreffen die Abweichungen einzelne Geschlechter- oder Vielfaltsgruppen?
Kooperationen	■ Kooperationen/Sponsoring: Über welche Gender- und Diversity-Kompetenzen haben die Kooperationspartner/innen?

---

57 In Anlehnung an ein Planungsraster der Heinrich-Böll-Stiftung.

Zielgruppen	■ Für welche Zielgruppen wird das Projekt konzipiert? ■ Wie alt sind die Mitglieder meiner Zielgruppe? ■ Welches Geschlecht haben die Mitglieder der Zielgruppe? ■ Welche weiteren Vielfaltskriterien werden bei der Zielgruppenanalyse einbezogen und mit Gender-Kriterien verbunden? ■ Welche Themen interessieren die Zielgruppe? ■ Gibt es durch Teilnehmendenbefragung, Multiplikatorinnen- und Multiplikatorenbefragung oder Beratung Hinweise auf die Interessen der Zielgruppen? ■ Erwartete Zahl der Teilnehmenden, differenziert nach … .
Projektbeschreibung/ politische, kulturelle Zielsetzung Inhalt	■ Welche Themen und Fragestellungen werden bearbeitet? ■ Gibt es aus Teilnehmendenbefragung, Multiplikatorinnen- und Multiplikatorenbefragung oder Beratung Hinweise auf die Interessen der Zielgruppen? ■ Gibt es Themen, die von der Zielgruppe konkret angefragt wurden? ■ Welche Themen passen zum Profil meiner Einrichtung? ■ Gibt es explizit formulierte gender-politische Themen- und Fragestellungen? ■ Gibt es explizit formulierte interkulturelle Themen- und Fragestellungen?
Organisatorische Planung	■ Wer soll die Veranstaltung durchführen? 　■ Habe ich kompetente und interkulturell qualifizierte Seminarleiterinnen und Seminarleiter, Referenten und Referentinnen 　■ Kann das Seminarteam multikulturell zusammengesetzt werden? 　■ Wie kann ich geschlechterbezogene Aspekte in der Teamzusammensetzung berücksichtigen? 　■ Brauche ich Dolmetscher oder Dolmetscherinnen? ■ Wann soll die Veranstaltung angeboten werden und wie lange? 　■ Gibt es kulturspezifische Tage und Zielen, wie z.B. Fastenzeiten und Feiertage, an denen die Zielgruppe nicht bereit ist, teilzunehmen? ■ Welcher Ort ist für die Durchführung der Veranstaltung sinnvoll? 　■ Wie mobil ist die jeweilige Zielgruppe? ■ Welche finanziellen Ressourcen brauche ich? ■ Welche materiellen Ressourcen brauche ich? ■ Handelt es sich um eine Zielgruppe mit speziellen Anforderungen? 　■ Ist eine Kinderbetreuung für die Durchführung der Veranstaltung erforderlich? ■ Gibt es kulturelle oder religiöse Anforderungen, die ich beachten muss, wie z.B. die Verpflegung für Muslime, jüdische Teilnehmende, vegetarisch oder vegan, Allergiker und Allergikerinnen, … ■ Monitoring: Welche Methoden und welche Instrumente werden eingesetzt?
Methodik	■ Welche geschlechterdifferenzierten Aspekte werden integriert?
Teilnehmendenwerbung	■ über Handzettel 　■ Muss ich außer Deutsch andere Sprachen einsetzen? 　■ Kann ich spezielle Multiplikatorinnen und Multiplikatoren einsetzen?

	■ mit einer Pressemitteilung
	  ■ Welche Zeitungen, Veranstaltungsblätter liest meine Zielgruppe?
	■ persönliche Anschreiben
	  ■ Muss ich außer Deutsch noch eine andere Sprache einsetzen?
	■ Habe ich die Möglichkeit der persönlichen Ansprache?
	■ Internet, Social Media, Website….

Persönliche Ansprache	■ telefonisch ■ durch Hausbesuche ■ in bereits existierenden Gruppen und Kursen ■ mit Hilfe von Multiplikatorinnen und Multiplikatoren ■ über Bezugspersonen
Evaluation	■ Zahl der Teilnehmenden: differenziert nach Gender-Diversity-Kriterien ■ Presse-Echo ■ Gender-Diversity-Aspekte: implizit und explizit

7.3 Leitfragen zu Gender-Diversity in Projektmanagementprozessen

Tabelle 46

1. Problemanalyse mit Gender-Diversity-Perspektiven	Betrifft das Problem, das den Ausgangspunkt für Zielformulierung und Planung des Projekts oder der Maßnahmen oder der Themen bildet, Frauen und Männer in ihrer Vielfalt unterschiedlich?
2. Definition von Zielen	Wie müssen auf der Grundlage von Analysen Projektziele formuliert werden? Wie werden geschlechterdifferenzierte Fragestellungen berücksichtigt?
3. Erarbeitung von Ansatzpunkten	Wie müssen auf dieser Grundlage Maßnahmen und Strategien formuliert werden?
4. Definition von Zielgruppen, Kooperationen und Indikatoren (weitere Vielfaltskriterien beachten)	Welche Zielgruppen werden jetzt festgelegt? Mit wem soll zusammengearbeitet werden? Welche Indikatoren zur Wirkungsmessung werden festgelegt?
5. Fachliche Inputs	Wie wird sichergestellt, dass der fachliche und methodische Input in den Maßnahmen gender-differenziert erfolgt?
6. Gestaltung der Veranstaltung	Wie werden die Zugangschancen für Frauen und Männer in ihrer Vielfalt gesichert?
7. Auswertung	Welche Entwicklungen und ggf. welche Wirkungen konnten qualitativ oder quantitativ festgestellt werden? Werden diese geschlechterdifferenziert ausgewertet?

7.4 GOPP plus: Gender- und diversity-orientierte Projektplanung[58]

Tabelle 47

Planungselement	Inhalt
Maßnahme/Projekt/Thema	Kurzbeschreibung des Projektgegenstands
Bestandsaufnahme	Gender-Diversity-Analysen der Ausgangsbedingungen der Maßnahme/des Projektes (Gender als Analysekategorie in Verbindung mit anderen Vielfaltskriterien)
Zielformulierungen	Beschreibung der Ziele der Maßnahme/des Projektes Formulierung geschlechterpolitischer Ziele in Verbindung mit anderen Vielfaltskriterien
Zielgruppe(n)-analyse(n)	Gender-Diversity differenzierte Beschreibung der Zielgruppe(n) des Projekts/der Maßnahme
Ansatzpunkte	Beschreibung der Handlungsmöglichkeiten, die sich zur Erreichung der Ziele in Bezug auf die Zielgruppen ergeben Welche gender-differenzierten Ansatzpunkte in Verbindung mit anderen Vielfaltskriterien gibt es?
Indikatoren	Welche Messgrößen gibt es, die die Erreichung der Zielsetzungen belegen können? (Indikatoren sind operationalisierte Beschreibungen der Zielsetzungen eines Projektes im Hinblick auf die Zielgruppe(n).)
Instrumente/Methoden	Welche Methoden und Instrumente sollen eingesetzt werden? Welche geschlechterpolitischen, Gender-Instrumente (in Verbindung mit anderen Vielfaltskriterien) können angewendet werden?
Rahmenbedingungen	Unter welchen Rahmenbedingungen und ggf. Restriktionen findet die Umsetzung der Maßnahme/des Projektes statt?
Anforderungen/Unterstützung	Welche Gender-Diversity-Kompetenz wird benötigt, um die Maßnahme geschlechterdemokratisch und nicht diskriminierend entwickeln zu können? Welche Unterstützung ist gewünscht?

---

[58] Blickhäuser/von Bargen, 2014 (Anregungen Wagner, 2005).

7.5 Leitfragen zur gender-differenzierten Veranstaltungsplanung[59]

Tabelle 48

Bedarfsanalyse	■ Anlass ■ Zielklärung mit gender-differenzierter Zielbeschreibung für das Projekt ■ Inhaltliche Planung und Festlegen der Veranstaltungsform ■ Organisation, Veranstaltungsmanagement ■ Methodik und Formen – mit gender-differenzierten Methoden ■ Öffentlichkeitsarbeit
Inhaltliche Planung	Anwendung des Planungsrasters: Gender-orientierte Projektplanung (GOPP) Oder: ■ Welche inhaltlichen Botschaften werden durch die Veranstaltung vermittelt? ■ Wurde bei der inhaltlichen Festlegung geklärt, welche unterschiedlichen gender-differenzierten Zugänge möglich sind? ■ In welchem Zusammenhang steht die Veranstaltung zur Gemeinschaftsaufgabe Geschlechterdemokratie oder zu gleichstellungspolitischen Zielen der Organisation? ■ Wurde in den Planungsgruppen (Programmteam, Kooperationspartner_innen, Vorstand) die Zielbestimmung gender-differenziert geklärt? Gibt es Zielkonflikte? Wie werden diese bearbeitet und offen gelegt? ■ Welche Expertinnen und Experten wurden bei offenen Fragen hinzugezogen? ■ Wie wurden die Zielgruppen der Veranstaltung beschrieben? Gibt es unterschiedliche Interessen von Männern und Frauen in ihrer Vielfalt? ■ Welche der ausgewählten Zielgruppen könnten interessant für das Angebot sein, sind aber schwer erreichbar? Welche besonderen Maßnahmen werden ausprobiert? Welche Methoden werden zur Ermittlung von Zielgruppen und deren unterschiedliche Interessen und Bedürfnisse angewandt?
Methodik/Didaktik	Anwendung der Leitfragen zur geschlechtergerechten Methodik und Didaktik Oder: ■ In welcher Form wird die Veranstaltung durchgeführt? ■ Wird die Lebens- und Alltagswelt der Teilnehmenden in den Prozess einbezogen, und wenn ja, auf welche Weise? ■ Nach welchen Kriterien wurden die Ziele und Inhalte festgelegt? ■ Wie wird die Wechselwirkung zwischen Zielgruppe/n und konzeptioneller Ausrichtung beschrieben? ■ Wie wird die Moderation festgelegt? ■ Wie wird die Moderation auf die Gender-Kriterien vorbereitet? Inhaltlich, Gleichgewicht der Redebeiträge von Männern und Frauen etc.? ■ Wie werden die Kommunikationsbeziehungen gestaltet?

---

59 Blickhäuser/von Bargen: Der Leitfaden wurde für eine stiftungsinterne Fortbildung entwickelt.

	▪ Welche Referentinnen und Referenten wurden nach welchen Kriterien ausgewählt? ▪ Wie werden die Referentinnen und Referenten auf die Wahrnehmung gender-spezifischer Perspektiven in ihren Beiträgen vorbereitet? ▪ Welche Methoden werden angewandt, um mit besonderen Zielgruppen in Kontakt zu kommen? Ist ein Methodenwechsel vorgesehen? ▪ Ist die Veranstaltung eher handlungsorientiert, erfahrungsbezogen oder sachorientiert aufgebaut?
Veranstaltungsmanagement	▪ Erreichbarkeit mit öffentlichen Verkehrsmitteln ▪ Können Rahmenbedingungen für Menschen mit Beeinträchtigung geschaffen werden, die eine Teilnahme möglich machen? ▪ Beschilderung ▪ Kinderbetreuung ▪ Ästhetik – gibt es gender-spezifische Zugänge? Lernkulturen? ▪ Bestuhlung: Hufeisen, Sitzreihen, Sitzkreis mit Tischen, Sitzkreis ohne Tische etc. ▪ Technische Hilfsmittel: Overheadprojektor, Video, Pinnwände, Moderationskoffer ▪ Tischvorlagen, Teilnehmendenunterlagen ▪ Ansprechpartner_in
Öffentlichkeitsarbeit	▪ Wurde in der Öffentlichkeitsarbeit auf die unterschiedlichen und in sich differenzierten Zielgruppen (diverse Männer/Frauen) Bezug genommen? Wurden Männer bei sog. Gender-Fragen gezielt angesprochen? Wurden Frauen gezielt angesprochen? ▪ Wurden die gender-spezifischen inhaltlichen Zugänge in der Öffentlichkeitsarbeit adäquat vermittelt? ▪ In welchen Medien wurde auf die Veranstaltung hingewiesen? Gibt es unterschiedliche Zugänge der Zielgruppe(n) zu den Medien? ▪ Transparenz
Schlussfolgerungen	▪ Die Perspektiven, Verfahren und Gedankengänge, auf denen die Interpretationen der Ergebnisse unter Berücksichtigung der Gender-Analysen beruhen, werden sorgfältig beschrieben, damit Maßnahmen gender-differenziert weiter entwickelt werden können.
Evaluation	▪ Ein Projekt ist erfolgreich, wenn Programmziele, Prozessziele oder institutionelle Leitziele, in diesem Fall Geschlechterdemokratie und Diversity-Ziele aufeinander abgestimmt werden ▪ Zielevaluation: Überprüfung der explizit und implizit formulierten gender-differenzierten Ziele ▪ Prozessevaluation: Überprüfung des Verlaufs der Maßnahme anhand der eigenen Ansprüche ▪ Produktevaluation: Entsprechen die Ergebnisse der Maßnahmen den eigenen Ansprüchen? ▪ Outputevaluation: Entspricht die Maßnahme den Ansprüchen der Nutzerinnen und Nutzer (Zielgruppen, Prozess oder Produkt)? ▪ Wann ist ein Projekt unter gender-bezogenen Aspekten erfolgreich?

Evaluationsbericht	▬ Was waren die zentralen Fragestellungen, verknüpft mit gender-differenzierten Analysen und Aspekten? ▬ Was sollte mit der Maßnahme unter (gender-differenzierter Fragestellung) erreicht werden? ▬ Beschreibung der konkreten Maßnahme ▬ Welche gender-sensible Methoden und Instrumente wurden angewandt? ▬ Schlussfolgerungen

7.6 Leitfaden zur Selbstreflexion für Dozenten und Dozentinnen[60]

Tabelle 49

Inhalte	Habe ich die Inhalte gender-sensibel vorbereitet? Konnten Inhalte unter Berücksichtigung von Gender-Diversity-Perspektiven vermittelt werden? Woran lag es, wenn sie nicht vermittelt werden konnten?
Sprachformen	Habe ich eine geschlechtergerechte nicht diskriminierende Sprache benutzt? Haben die Lernenden darauf reagiert? Wenn ja, wie?
Aufmerksamkeit	Widmete ich Frauen und Männern (in ihrer Vielfalt) jeweils die gleiche Aufmerksamkeit? Wie erkläre ich mir, dass ich einige übersehe und anderen mehr Zeit widme?
Lebenssituationen	Thematisierte ich die Lebenssituationen der teilnehmenden Frauen und Männer (verschiedener Herkunft und verschiedenen Alters und weiterer Diversity-Kriterien)? Thematisierte ich dabei geschlechterbezogene Aspekte in Verknüpfung mit anderen Diversity Kriterien explizit?
Rollen	Welche Rollen übernahmen welche Frauen in der Veranstaltung? Welche Rollen übernahmen welche Männer in der Veranstaltung?
Methoden	Welche Methoden habe ich eingesetzt und welche Konsequenzen haben sich für die Beteiligungsmöglichkeiten von Frauen und Männern unterschiedlicher Herkunft und unterschiedlichen Alters ergeben?

60 Gerrit Kaschuba und Carlos Lächele, Forschungsinstitut tifs e.V., in Anlehnung an: Volkshochschule Mainz (Hg.), Frauen und Männer gestalten Zukunft gemeinsam, Mainz 2006; ergänzt: Angelika Blickhäuser und Henning von Bargen, 2014

7.7 Leitfragen zur gender-differenzierten Öffentlichkeitsarbeit[61]

Tabelle 50

Sprache	Ist der Text in einer geschlechtssensiblen Sprache vergefasst?
	Wird in der Formulierung kreativ mit der Verwendung von weiblichen, männlichen oder Paarformen umgegangen?
	Welche Zielgruppen will ich erreichen?
Produkt	Welche Botschaft wird übermittelt?
	Wie kann die Übermittlung der Botschaft durch Einbeziehung von Geschlechterperspektiven verbessert werden?
	Wer wird durch das Produkt angesprochen?
	Werden Männer und Frauen in ihrer Vielfalt angesprochen?
	Wie nutzen Männer und Frauen in ihrer Vielfalt das Produkt?
Aufmachung/Gestaltung	Ist das Produkt in Bildern, Layout und anderen Gestaltungselementen) frei von herabsetzenden weiblichen und männlichen Geschlechterstereotypen und anderen Diskriminierungsfaktoren?
	Ist das verwendete Zahlenmaterial nach Geschlechtern in Verbindung mit weiteren Vielfaltskriterien differenziert?
Inhalte	Welche Relevanz hat das Thema für Männer und Frauen in ihrer Vielfalt? Gibt es Unterschiede zwischen den Geschlechtern?
	Wie können Unterschiede angemessen berücksichtigt werden?
	Sind Männer und Frauen ausgewogen vertreten?
	Sind verallgemeinernde Aussagen vermieden bzw. hinreichend auf ihre Wirkung reflektiert worden?
	Werden Leistungen und Eigenschaften von Frauen und Männern gleich gewertet und dargestellt?

---

[61] Vgl. Checkliste Gender-Mainstreaming in der Presse und Öffentlichkeitsarbeit des BMFSFJ, www.gender-mainstreaming.net/RedaktionBMFSFJ/RedaktionGM/Pdf-Anlagen/gm-und-oeffentlichkeitsarbeit,property=pdf.pdf (Abfrage 24.9.2005); ergänzt durch Angelika Blickhäuser und Henning von Bargen, 2014

7.8 Checkliste Gender-Mainstreaming bei Maßnahmen der Presse- und Öffentlichkeitsarbeit[62]

Tabelle 51

Vorüberlegungen	▪ Welche Botschaft wird übermittelt? ▪ Wie kann die Übermittlung dieser Botschaft durch Gender-Mainstreaming optimiert werden?
Wahl der Produktart	▪ Wer wird durch das Produkt gezielt angesprochen und erreicht? Frauen in ihrer Vielfalt? Männer in ihrer Vielfalt? Andere? ▪ Wie nutzen Frauen und Männer das vorgesehene Mittel? Medium? ▪ Mit welchem Medium/Mittel wird größtmögliche Akzeptanz erzielt? (bei Frauen und/oder bei Männern?)
Inhalte der Produkte	▪ Welche Relevanz hat das Thema für welche Männergruppen? Welche für welche Frauengruppen? Gibt es Unterschiede? Wenn nein, warum nicht? ▪ Werden bei der Umsetzung des Themas diese Unterschiede angemessen berücksichtigt werden? ▪ Ist männlicher und weiblicher Sachverstand ausgewogen bei der Entscheidungsvorbereitung/-findung eingeflossen? ▪ Sind Protagonistinnen und Protagonisten ausgewogen vertreten? ▪ Ist das Produkt frei von herabsetzenden weiblichen und männlichen Geschlechterstereotypen (auch bei Fotos/Illustrationen)? ▪ Sind verallgemeinernde Aussagen vermieden bzw. hinreichend auf ihre Wirkung reflektiert worden? ▪ Werden Leistungen und Eigenschaften von Frauen und Männern gleich gewertet und dargestellt? ▪ Ist das verwendete Zahlenmaterial zielgerichtet nach Geschlechtern differenziert?
Sprache des Produkts	▪ Ist das Produkt in einer geschlechtersensiblen Sprache abgefasst? ▪ Wir in der Formulierung kreativ mit der Verwendung von weiblichen, männlichen oder Paarformen oder anderen adäquaten sprachlichen Lösungen (z.B. Vermeidung von Personenbezeichnungen oder geschlechtsneutralen Bezeichnungen) umgegangen? ▪ Ist der Text gut lesbar formuliert? Entspricht er so weit wie möglich dem allgemeinen Sprachgebrauch? Ist er übersichtlich?
Ausgewogen heißt, dass nicht ein Geschlecht dominiert oder Geschlechterrollen verfestigt werden, dies kann vermieden werden z.B. durch	▪ Fotos von Frauen und Männern ▪ Befragungen von Expertinnen und Experten ▪ Interviews mit Frauen und Männern, Lebensschilderungen von Männern und Frauen, Beispiele von Frauen und Männern ▪ Ausgewogenheit im Detail (Fotos etc.) sowie Ausgewogenheit in der Gesamtwirkung (Fotos etc. in der Gesamtschau sollten nicht ein bestimmtes Rollenklischee bedienen), ironische Stilmittel sollten deutlich erkennbar sein

[62] Bundesministerium für Familie, Senioren, Frauen und Jugend: Checkliste Gender-Mainstreaming bei Maßnahmen der Presse- und Öffentlichkeitsarbeit (etwas durch Blickhäuser/von Bargen gekürzte Fassung), 2005

	- Neue Geschlechterrollen, neue Geschlechteridentitäten («neue Männer», «neue Väter», Frauen in Männerberufen, Frauen in Führungspositionen) - Reflexion der Differenz von Altersgruppen, sozialen Klassen, ethnischen Gruppen, Männern und Frauen - Nutzung und Darstellung geschlechtsspezifisch aufgeschlüsselter Daten - Vermeidung doppelter Bewertungsmaßstäbe: Ähnliche Eigenschaften bei Männern und Frauen sollten nicht unterschiedlich gewertet werden – was bei einem Mann positiv erscheint, sollte bei einer Frau nicht als negativ angekreidet werden und umgekehrt.
Fotos	- Klischees vermeiden (z.B. Frauen in häuslicher Umgebung, Männer im öffentlichen Raum) - Ausgewogenes Verhältnis von Ganzkörperfotos und Portraits - Keine Sexualisierung in der Darstellung - Keine Stereotypisierung durch Kamerastellung (Männer von unten, Frauen von oben)
Produkte sind	- Printmedien (Broschüren, Flyer, Artikel, Pressetexte) - Kampagnen (Plakate, Anzeigen) - Auftritt im Internet - Filme - Audioprodukte - Elektronische Magazine und Newsletter
Sprache	- Sensibilität beim Sprachgebrauch ist in der Presse- und Öffentlichkeitsarbeit entscheidend für die Ansprache von Frauen und Männer
Geschlechtersensibel heißt	- auf differenzierende Formulierungen zu achten - ausschließlich männliche Formulierungen gerade in männlich dominierten Bereichen wie z.B. Wissenschaftler, Professor, Chef vermeiden - Sprachklischees sollten tabu sein, z.B. «Lieschen Müller», «Otto Normalverbraucher» - Verallgemeinernde Aussagen werden durch differenzierte Aussagen zu Männern und Frauen ersetzt - Sexismen sind nicht akzeptabel - Eingangsbemerkungen bei Broschüren und Berichten wie «Zur besseren Lesbarkeit wird das generische Maskulinum» verwendet oder «Bei männlichen Formulierungen sind Frauen mitgedacht» sind nicht akzeptabel - ein Text, der sich ausschließlich an Männer richtet, kann durchaus nur die männlichen Endungen aufweisen - eine Text, der sich ausschließlich an Frauen richtet, kann nur die weibliche Form nutzen - sind beide Geschlechter gemeint ist eine zielgerichtete Auswahl zwischen männlichen und weiblichen Endungen, Paarbegriffen und neutralen Formulieren zu treffen

7.9 Blickpunkt Gender: Leitfragen zur Mediengestaltung[63]

Tabelle 52

Frauen und Männer in ihrer Vielfalt kommen zu Wort	▬ Recherche nach Fachfrauen, Fachmännern und Expertinnen und Experten betreiben ▬ Expertinnen und Experten – auch mit unterschiedlichen kulturellen Hintergründen – zu vielfältigen Themen befragen ▬ Frauen und Männer gleichermaßen als Interviewpartnerinnen und Interviewpartner wählen ▬ Frauen und Männer gleichermaßen als Autorinnen und Autoren gewinnen (weitere Vielfaltskriterien beachten)
Frauen und Männer in ihrer Vielfalt rücken ins Bild	▬ Daten und Fakten zur existierenden gesellschaftlichen Benachteiligung von Frauen thematisieren ▬ Daten und Fakten zu männerspezifischen Fragestellungen thematisieren ▬ gezielt Sichtweisen von Frauen und Männern zu einem Thema einholen
Wer repräsentiert?	▬ Frauen und Männer gleichwertig positionieren ▬ Durch die Wahl der Bildausschnitte Frauen und Männer gleichwertig darstellen

---

[63] Auf der Grundlage von «Blickpunkt Gender, ein Leitfaden zur Mediengestaltung» von Bente Knoll und Elke Szalai herausgegeben vom Bundesministerium für Land- und Forstwirtschaft, Umwelt und Wasserwirtschaft, Wien 2014; in der Fassung von A. Blickhäuser/Henning von Bargen.

8 Methodik und Didaktik

8.1 Methoden in Gender-Diversity-Workshops der Heinrich-Böll-Stiftung

Wir arbeiten in unseren Gender-Diversity-Workshops mit den klassischen Methoden der Erwachsenenbildung, unterlegt mit gender-differenzierten Zugängen und Fragestellungen (methodische Gender-Kompetenz). Die Arbeit im Gender-Team (Trainerin und Trainer), Perspektivenwechsel und Gender-Dialog bilden dabei den Kern unserer Methoden. Übungen zur Reflexion von Geschlechterrollen führen wir je nach Aufgabenstellung in geschlechtshomogenen oder geschlechtsheterogenen Gruppen durch. Desweiteren arbeiten wir mit Vorträgen, Werkstattgesprächen und Arbeitsgruppen, in denen der Transfer in das eigene Arbeitsfeld erprobt werden soll. Die Arbeit mit Gender-Analysen und gender-orientierter Projektplanung runden das Instrumentarium ab.

In der Sensibilisierungsphase bieten wir Übungen zur Reflexion eigener Rollenbilder und gesellschaftlichen Rollenzuschreibungen an. Veränderte gesellschaftliche, kulturelle und individuelle Werte und Sichtweisen werden reflektiert und in Zusammenhang gestellt mit der «Kultur der Zweigeschlechtlichkeit» von Strukturen und Organisationen.

Gender-Team

Das Arbeiten im Gender-Team ist grundlegender Bestandteil der Workshops und soll deutlich machen, dass Geschlechterfragen Männer und Frauen (in ihrer Vielfalt) in Organisationen gleichermaßen angehen und alle Geschlechter zuständig sind. Trainings, die von Frauen- oder Männerteams durchgeführt werden, bergen die Gefahr, dass der Perspektivenwechsel nicht vermittelt wird. Durch Frauentrainingsteams wird zudem implizit die Vorstellung tradiert, dass sich ausschließlich Frauen mit Geschlechterfragen beschäftigen. Dies könnte die Delegation der Geschlechterthematik an Frauen als Frauenfragen befördern.

Gender-Teams sind sich bewusst, dass die Arbeit als gemischtgeschlechtliches Team auch dualistische Geschlechterzuschreibungen bestärken könnte. Daher gehört der spielerische Umgang mit Geschlechterrollenmustern zu den Kompetenzen von Gender-Teams. Gender-Teams haben den Vorteil, dass sich die Teilnehmenden auf den «weiblichen» und «männlichen» Teil des Teams beziehen können. Ebenso lässt sich die Ungleichzeitigkeit des Dialogs zwischen «männlichen» und «weiblichen» Teilnehmenden leichter bearbeiten. Männer haben häufiger mehr Berührungsängste mit der Gender-Thematik als Frauen. Vor dem Hintergrund der geschichtlichen Entwicklung der Frauenbewegung haben Frauen tendenziell eher einen Bezug zum Thema, aber generationenspezifische Unterschiede oder Unterschiede aufgrund von Ethnie und kultureller Herkunft können auch bei Frauen zu Distanz, Abwehr oder Berührungsängsten führen.

Gender-Trainings und Gender-Workshops bieten den Teilnehmenden die Möglichkeit, Erfahrungen aus Männer- und Frauenbewegungen zu diskutieren, gesellschaftstheoretische und -politische Konzepte mit frauenspezifischen und gender-differenzierten Ansätzen zu verbinden und so «Gender in den Mainstream» zu bringen.

Gender-Team

Eine Trainerin und ein Trainer arbeiten im Team zusammen, denn Gender-Diversity-Fragen gehen sowohl Männer als auch Frauen an. Ein Gender-Team ermöglicht Männern und Frauen eine Auseinandersetzung mit Gender-Perspektiven und unterstützt den Dialog zwischen den Geschlechtern.

Perspektivenwechsel

Gender-Trainings und Gender-Workshops unterstützen die Perspektivenwechsel, d.h. es soll die Fähigkeit entwickelt werden, sich in die Standorte, Positionen und Sichtweisen des jeweils anderen Geschlechts hineinzudenken. Voraussetzung hierfür ist die Vergewisserung des eigenen Standortes. Perspektivenwechsel tragen zu der Verständigung zwischen den Geschlechtern bei, sie dienen nicht der Anpassung an vorgegebene Vorstellungen.

Durch die Arbeit in geschlechtshomogenen wie auch geschlechtsheterogenen Gruppen können sich Männer und Frauen in einer geschützten Atmosphäre über persönliche Erfahrungen mit Geschlechterfragen – sowohl privat als auch innerhalb der Organisation – austauschen.

8.2 Checkliste für ein gender-sensibles Curriculum[64]

Tabelle 53

Allgemeine didaktische und methodische Prinzipien	Ist das Curriculum nachvollziehbar?
	Ist das Ausbildungskonzept ganzheitlich?
	Werden die Ausbildungsinhalte im gesellschaftlichen Kontext vermittelt? Welche Geschlechterrollenbilder werden vermittelt?
	Wird die Vielfalt von Lebensentwürfen in der Gesellschaft einbezogen?
	Werden Bildung und Lernen als prinzipiell offene Prozesse vermittelt?
	Wird den Teilnehmerinnen und Teilnehmern ihr jeweiliger Lernerfolg bewusst gemacht?
	Ist bei den Lehr-/Lerninhalten ein Anwendungsbezug erkennbar?
	Ist der Unterrichtsstil partizipativ?
	Welche Art von Leistung prüfen die Lernerfolgskontrollen?
	Ist Evaluation Teil des Curriculums?
Didaktisch-methodische Prinzipien für eine geschlechterdifferenzierte Bildung	Werden Team-, Kooperations-, Konflikt- und Kritikfähigkeit gestärkt?
	Werden gender-orientierte Zugänge berücksichtigt?
	Wie setzt sich das Trainingspersonal zusammen? (differenziert nach Geschlecht ggf. in Verbindung mit weiteren Vielfaltskriterien)
	Erhalten Frauen und Männer (in ihrer Vielfalt) von Dozentinnen und Dozenten die gleiche Aufmerksamkeit? Oder gilt das nur für bestimmte Frauen- oder Männergruppen? Wer wird weniger berücksichtigt und warum?
	Werden Frauen und Männer (in ihrer Vielfalt) nach den gleichen Kriterien beurteilt?
	Werden geschlechterhierarchische Interaktionen im Unterricht thematisiert?
	Gibt es Lernarrangements zum Abbau von Geschlechterhierarchie und Ansätze zu mehr Geschlechterdemokratie?

---

[64] Gisela Pravda: Die Gender-Perspektive in der Weiterbildung, S. 173–180; mit Ergänzungen von Angelika Blickhäuser und Henning von Bargen, 2014

8.3 Leitfragen zur gender-sensiblen Didaktik auf der Grundlage von fünf Dimensionen[65]

Tabelle 54

Dimension	Gender-sensible Didaktik
Teilnehmende	In Bezug auf die Teilnehmenden gilt es den Blick auf die Individuen freizugeben und nicht die Lerngruppe als geschlossenes Konstrukt zu begreifen. Damit sind die verschiedenen Lebenswelten unter Frauen und Männern aufgrund von Migrationshintergrund/ Ethnizität, sozialer Schicht/Milieu, Generation, sexueller Orientierung, mit und ohne Behinderung etc. (Diversity Kategorien) zu berücksichtigen und ihre Interessen wahrzunehmen. Das kann bedeuten, bei der Planung Bezug auf Untersuchungen von Lebenswelten und Interessen der Teilnehmenden zu nehmen und dabei auch deren Gender-Bias zu reflektieren. Desweiteren sind Ungleichzeitigkeiten zwischen verschiedenen Gruppen der teilnehmenden Frauen und Männer in der theoretischen und politischen Auseinandersetzung mit den Geschlechterverhältnissen zu berücksichtigen. (Ungleichzeitigkeit des Gender-Dialogs)
	Diese fünf Dimensionen geschlechtergerechter Didaktik korrespondieren miteinander und befinden sich idealerweise in einer dynamischen Balance. Es geht dabei nicht um eine perfekte, starre formale Berücksichtigung aller Dimensionen zu jeder Zeit, sondern einzelnen Dimensionen treten je nach Zeitpunkt, Situation und Kontext stärker in den Vordergrund bzw. sollten intensiver beachtet werden.
	Geschlechtergerechte Didaktik und eine Didaktik zum Abbau von Ungerechtigkeiten wird dann praktiziert, wenn im Bildungsgeschehen die fünf Dimensionen immer wieder wirksam werden.
Inhalte	Es gilt, vorhandene Konzepte in Bezug auf die Thematisierung von Geschlechterverhältnissen, verschiedenen Lebenswelten und Interessen von Frauen/Mädchen, Männern/Jungen (in ihrer jeweiligen Unterschiedlichkeit und Vielfältigkeit) zu analysieren und vielfältige Geschlechterperspektiven in die Inhalte zu integrieren.
Methodik	Die methodische Gestaltung bezieht unterschiedliche Interessen und Ausgangsbedingungen verschiedener männlicher und weiblicher Teilnehmender ein. Methoden berücksichtigen vielfältige Geschlechterverhältnisse und geschlechterbezogenen Konstruktionen in der Kommunikation und Interaktion und können unterschiedliche Perspektiven erfahrbar machen. Dazu gehören partizipative und auf Reflexion zielende Methoden sowie ein Wechsel der Sozialformen wie geschlechtshomogene und – heterogene Gruppen und Plenum.
Leitende	Das Leitungshandeln erfordert Sensibilität und ständige Reflexion eigener geschlechterbezogener Verhaltensweisen und das Ausprobieren bzw. Weiterentwickeln eines geschlechtersensiblen Leitungshandeln und -verhaltens.
Rahmenbedingungen	Unter Gestaltung der Rahmenbedingungen fällt die Planung der Veranstaltungen, die die Lebens- und Arbeitsbedingungen von teilnehmenden Frauen und Männern (in ihrer Vielfalt) berücksichtigen muss: das betrifft die Zeitstruktur, räumliche Erreichbarkeit und Raumgestaltung. Dazu gehören aber auch geschlechtergerechte Anspracheskonzepte in Programmen und Ausschreibungen.

[65] Geschlechtergerechte Didaktik in der Fort- und Weiterbildung, hrsg. von Senatsverwaltung für Bildung Jugend und Sport, Berlin 2000. Autorin: Dr. Gerrit Kaschuba, Forschungsinstitut tifs e.V., 2006, Jugendbildungsstätte Jagdschloss Glienicke; http://sfbb.berlin-brandenburg.de/sixcms/media.php/bb2.a.5723.de/Geschlechtergerechte%20Didaktik%20in%20Fort-%20und%20Weiterbildung.pdf

Die Dimensionen im Einzelnen

Tabelle 54a: 1. Dimension – Teilnehmende

Zusammensetzung der Teilnehmendengruppe	Wie wird die Zusammensetzung nach Geschlecht, Ethnizität/Migrationshintergrund, Schicht/Milieu, sexueller Orientierung, Lebensphasen, Generationen berücksichtigt?
	Wann und mit welchem Ziel werden explizite Angebote für spezifische Gruppen wie etwa männliche und weibliche Fachkräfte mit Migrationshintergrund gemacht und welche Auswirkungen hat die jeweilige Zusammensetzung auf das Bildungsgeschehen?
	Welche Lebenserfahrungen und Kompetenzen bringen sie mit sich? Über welche gender-diversity-bezogenen Vorkenntnisse, welches Wissen verfügen die Teilnehmenden?
Zugänge zu Frauen und Männern verschiedener Herkunft und Generation	Werden Zugänge zu weiteren Zielgruppen durch Kooperation mit anderen Institutionen, Ämtern (selbstorganisierten) Gruppen gesucht?
	Wie werden Frauen und Männer – mit und ohne Migrationshintergrund etc. – in Ausschreibungen angesprochen?
	Inwieweit berücksichtigt die Fortbildung die jeweiligen Ausgangsbedingungen von Frauen und Männern?
Beziehungen in der Gruppe	Welche Rollenverteilungen und Beziehungen unter Frauen und Männern (mit und ohne Migrationshintergrund, verschiedener Generationen etc.) und zwischen Frauen und Männern werden sichtbar – etwas in Bezug auf Macht, Verantwortung, Fürsorge?
	Wann bietet es sich an, geschlechterbezogene, ethnisierende Zuschreibungen in der Interaktion und Kommunikation im Bildungsgeschehen aufzudecken und zu thematisieren?
Gender-differenzierte Interessen	Inwieweit wird die Artikulation von Bedürfnissen und Interessen der teilnehmenden Frauen und Männern (in ihrer Vielfalt) ermöglicht, so dass diese die Verantwortung für sich und die eigenen Interessen übernehmen können?
	Werden diese Interessen wahr- und in den Ablauf aufgenommen? Wird darauf geachtet, dass sie nicht als «geschlechtsspezifische» Interessen gewertet werden?
	Welche Möglichkeiten werden geschaffen, die Betroffenheit als Frau/Mann unterschiedlicher Herkunft, Generation etc. auf dem Hintergrund der eigenen Biografie und der gesellschaftlichen Ausgangsbedingungen und damit zusammenhängenden Interessen an Geschlechterthemen zu thematisieren?
	Inwieweit gelingt es, ein Klima zu schaffen, in dem das jeweilige geschlechterbezogene Selbstverständnis und die Grenzen der Einzelnen respektiert werden?

Tabelle 54b: 2. Dimension – Inhalte

Geschlechterperspektiven in der Kinder- und Jugendhilfe als Thema	Werden geschlechterdifferenzierte Aspekte als durchgängige Querschnittsperspektive in den jugendhilferelevanten Seminarinhalten berücksichtigt?
	Welche Themen eignen sich besonders, Gender-Perspektiven zu verdeutlichen?
	Wird Gelegenheit geboten, Themen aus dem Teilnehmendenkreise – von Frauen und Männern (in ihrer Vielfalt) – entstehen zu lassen?
	Werden Erkenntnisse der Frauen-/Mädchen- Männer-/Jungen- und Geschlechterforschung (und der Migrationsforschung) einbezogen?
	Wird auf die Entwicklung der geschlechterdifferenzierenden und geschlechterbewussten koedukativen Ansätze in der Kinder- und Jugendhilfe eingegangen?
	Wird die Verankerung der gleichstellungspolitischen Strategie des Gender-Mainstreaming als Querschnitt integriert?
	Sind geschlechtshierarchische Strukturen sowie Prozesse «doing gender» im konkreten Feld der Kinder- und Jugendarbeit Thema? Werden hierarchische Strukturen hinsichtlich Migrationshintergrund und ethnisierenden Zuschreibungen thematisiert?
	Inwieweit gelingt es, bezogen auf die Fortbildungsinhalte die Kategorie Geschlecht und Geschlechterdifferenz zu thematisieren, ohne erneut festzuschreiben?
Orientierung an vielfältigen Lebenswelten und Biografien	Wird ein Zusammenhang von persönlichen Erfahrungen (etwa Diskriminierungen) der Teilnehmenden und gesellschaftlichen Zusammenhängen hergestellt? Welche Geschlechterrollen und Lebensentwürfe können thematisiert werden?
	Werden die Seminarinhalte auf die vielfältigen Lebenswelten und Biografien von Frauen/Mädchen und Männern/Jungen unterschiedlicher Herkunft und Generation bezogen?
	In welcher Weise wird die Thematisierung der verschiedenen Lebensentwürfe und vielfältigen Weiblichkeits- und Männlichkeitsentwürfe von Frauen/Mädchen und Männern/Jungen ermöglicht?
	Werden die vielfältigen Entwürfe in Bezug auf das Generationenverhältnis in der Kinder- und Jugendhilfe – zwischen Pädagoginnen/Pädagogen und Kindern/Jugendlichen thematisiert?
	Welchen Stellenwert hat die Initiierung von geschlechterbezogener Selbstreflexivität im Bildungsgeschehen?
Kommunikation und Gestaltung von Geschlechterbeziehungen	Sind geschlechtergerechte Sprache und Kommunikation Fortbildungsinhalte und wird im Bildungsgeschehen darauf geachtet?
	Werden unterschiedlichen «Gender-Interessen», gesellschaftliche Standorte und «Ungleichzeitigkeiten» im Wissen in Bezug auf den Gender-Diskurs in der Kinder- und Jugendhilfe im Bildungsgeschehen bezogen auf die Teilnehmenden thematisiert und zum Bearbeitungsgegenstand?
	Wird geschlechterbezogene Kommunikations- und Konfliktfähigkeit im Seminar gefördert?
	Wird die Partizipation von Frauen/Mädchen und Männern/Jungen unterschiedlicher Herkunft in verschiedenen Arbeitsfeldern der Kinder- und Jugendhilfe als zentrale Anforderung thematisiert? Und wird Partizipation im Seminar praktiziert?
	Werden Leitungsstile unter Gender-Perspektiven thematisiert?
Transfer und Handlungsorientierung	Inwieweit werden Wissen und praktische Handlungsorientierung zur Anwendung von Gender-Perspektiven auf die fachliche Arbeit vermittelt (z.B. Gender-Diversity Analyse und gender-differenzierte Planungsinstrumente)?
	Werden gesellschaftliche und subjektbezogene Strategien in Bezug auf bestehende Geschlechterverhältnisse entwickelt? Welche Veränderungsmöglichkeiten werden thematisiert?

Tabelle 54c: 3.Dimension – Methoden

Methodische Gestaltung und Partizipation	Wird von einem «ganzheitlichen» Methodenverständnis ausgegangen, das kognitiv, körperbezogen und affektiv-emotional ansetzt und somit unterschiedliche Sinne und Vorlieben der Teilnehmenden (in ihrer Vielfalt) anspricht? Werden kulturelle Differenzierungen vorgenommen?
	Ist ein Wechsel zwischen Interaktion und Aktion und Reflexion vorgesehen?
	Gibt es Raum für selbstorganisiertes Lernen neben angeleitetem?
	Wird partizipativ vorgegangen in Bezug auf inhaltliche und methodische Interessen weiblicher und männlicher Teilnehmenden (in ihrer Vielfalt?)
Gender-Diversity: Fokus	Eignen sich die Methoden, um geschlechtshierarchische Strukturen und Dominanzsituationen in Seminaren zu verändern?
	Wird mit dem methodischen Vorgehen bewusst auf Irritation – in Bezug auf Geschlechterrollen und der Thematisierung der Vielfalt von Geschlechterrollen – gesetzt?
	Wird darauf geachtet, dass die eigenen Potentiale den Teilnehmenden in Bezug auf «Gender-Diversity-Kompetenzen» bewusst gemacht werden?
	Werden «blinde Flecken» in Bezug auf geschlechterbezogene Deutungs-, Wahrnehmungs- und Verhaltensmuster aufgedeckt und findet eine Motivierung der Teilnehmenden statt, sich damit konstruktiv auseinanderzusetzen?
	Ermöglichen die Methoden die Interaktion über geschlechterbezogene Inhalte der Bildungsveranstaltung?
	Wie wird methodisch eine Reflexion der Kommunikation und der Beziehungsstrukturen unter Gender-Diversity-Gesichtspunkten in der Gruppe ermöglicht?
Sozialformen	Ermöglicht die Wahl der Sozialformen ein Anknüpfen an Potentialen und Erfahrungen der teilnehmenden Frauen und Männer (in ihrer Vielfalt), z.B. ■ Bildung von geschlechtshomogenen Kleingruppen ■ Kleingruppenbildungen nach Migrationshintergrund ■ Gemischtgeschlechtliche Kleingruppen mit anschließendem Austausch im Plenum?
	Gibt es Regeln und Verabredungen für das gemeinsame Arbeiten, die eine enthierarchisierende Partizipation an Entscheidungen und Gestaltung des Lernklimas ermöglichen?
Medien/ Materialien	Kommen unterschiedliche Lebenswelten von Frauen/Mädchen und Männern/Jungen mit und ohne Migrationshintergrund vor?
	Berücksichtigt die Auswahl an Medien und Materialien die Interessen von Frauen und Männern verschiedener Herkunft und Generation?
	Wie gestaltet sich die Repräsentation der Geschlechterverhältnisse in den Medien, vermeidet sie Stereotypen oder setzt sie diese bewusst ein?
	Wird eine geschlechtergerechte Sprache verwendet?
Planungs- und Evaluierungsinstrumente	Werden vorab Interessen der Teilnehmenden erhoben?
	Finden Teilnehmendenbefragungen zwischendurch/am Ende der Fortbildung statt, in denen auch nach gender-differenzierten Aspekten gefragt wird?
	Werden diese Befragungen gender-differenziert ausgewertet?
	Werden Instrumente zur Selbstevaluierung der Leitung eingesetzt?
	Findet eine Reflexion bzgl. Methoden, Inhalten, Teilnehmenden, eigenem Leitungsverhalten und Arbeitsteilung, Sprache im Team statt?
Methodenreflexion	Ist daran gedacht, auf der Metaebene Gründe für Methodenwahl, für die Leitung bestimmter Einheiten durch Frau/Mann transparent zu machen und mit den Teilnehmenden zu reflektieren?

Tabelle 54d: 4. Dimension – Leitung

Arbeitsteilung im Team	Wie setzt sich das Team zusammen? Bei welchen Themen und Zielgruppen ist es wichtig, dass Mann und Frau leiten, wann treten andere Kategorien wie Generation, Migrationshintergrund, sexuelle Orientierung in den Vordergrund?
	Wie ist die Rollenklärung im Team zwischen Frauen und Männern geregelt: wer ist zuständig für Körperarbeit, kreative Methoden, thematische Inputs, Organisatorisches?
	Gibt es eine Rollenflexibilität im Team?
	Vergegenwärtigt sich das Team die Vorbildrolle/Orientierungsfunktion als Frau/Mann in der Leitung?
Authentizität	Machen sich die männlichen und weiblichen Leitenden mit ihren eigenen geschlechterpolitischen, inhaltlichen Positionen und biografischen Erfahrungen sichtbar? Stellen sie authentische Leitungspersönlichkeiten unter Gender-Diversity-Gesichtspunkten dar?
Gender-Diversity-Kompetenzen	Verfügen die Leitenden über <ul><li>Geschlechter differenziertes fachliches bzw. themenbezogenes Wissen der Kinder- und Jugendhilfe</li><li>Kenntnisse über theoretische Ansätze der Gleichheit, Differenz und De-Konstruktion von Geschlechtern</li><li>Geschlechtsbezogene Selbstreflexion</li><li>Methodenkompetenz – vor allem bezogen auf die geschlechterbezogene Kommunikation und Interaktion</li><li>Geschlechtergerechte Sprache</li><li>die Fähigkeit, bezogen auf einzelnen Individuen und Situationen vorzugehen und an Ressourcen und Potentialen der Einzelnen anzuknüpfen</li><li>Wissen um Lebenslagen, Biografien und Bildungsverläufen von Frauen/Mädchen und Jungen (Männern verschiedener Generationen, ethnischer Herkunft, sozialer Schicht/Milieu)</li><li>das Wissen, das Ungleichzeitigkeiten und unterschiedliches «Gender-Wissen» der Teilnehmenden zu berücksichtigen sind</li><li>ein Transferwissen in Bezug auf den beruflichen Alltag und die Fähigkeit der Vermittlung, dass die Teilnehmenden den praktischen Nutzen geschlechterbewussten Handelns erkennen?</li></ul>

8.4 Leitfaden zur gender-differenzierten Moderation

Tabelle 55

Ausgangs-voraussetzungen	Abfrage der Gender-Diversity-Kompetenz der Moderatorin bzw. des Moderators ■ Verfügen Sie über Gender-Diversity-Kompetenz? (Mögliche Kriterien: Selbsteinschätzung, Nachweis) ■ Kennen Sie die Strategien von Gender-Mainstreamings, Gleichstellungskonzepte oder Diversity Konzepte der beauftragenden Organisationen? ■ Sind die gleichstellungspolitischen Ziele (und weitere Diversity Ziele) den Moderatorinnen und Moderatoren ausreichend vermittelt worden? ■ Sind die Moderatorinnen und Moderatoren sensibel für «Gender» und «Diversity»?
Kriterien	■ Respekt vor unterschiedlichen Zugängen der Referentinnen und Referenten ■ angemessene Berücksichtigung aller Referentinnen und Referenten ■ Zusammenarbeit mit den jeweilig Zuständigen für Gender und Diversity bei der Vorbereitung
Inhalte	■ Gender-Diversity-Orientierung im Fachthema ■ Welche Relevanz hat das Thema für Männer und Frauen in ihrer Vielfalt? ■ Gibt es Unterschiede zwischen den Geschlechtern (in ihrer Vielfalt) in Hinblick auf Inhalte, spezifische Betroffenheiten oder Fragestellungen? ■ Wie können Unterschiede ggf. angemessen berücksichtigt werden? ■ Werden inhaltliche Leistungen von Frauen und Männern gleich gewertet und dargestellt?

8.5 Checkliste zur Vermeidung sexistischer Fragen[66]

Tabelle 56

Titel der Lerneinheit	Enthält der Titel personenbezogene Substantive? Beziehen sich diese gleichwertig auf beide Geschlechter in ihrer Vielfalt?
Ansprache	Werden Männer und Frauen in der gleichen Weise angesprochen? Werden Frauen und Männer mit demselben Respekt bezeichnet?
Reihenfolge der Geschlechter	Wird bei Personen die Reihenfolge der Geschlechter gewechselt, oder erscheint ein Geschlecht immer an erster Stelle?

---

[66] Gisela Pravda, a.a.O., S.156–161. Die Checklisten von Pravda wurden leicht modifiziert. Es empfiehlt sich, insbesondere die Kommentare und Negativbeispiele zu jeder Leitfrage nachzulesen.

Geschlechtsneutrale Begriffe	Vermittelt der Gesamtkontext bei der Verwendung geschlechtsneutraler Begriffe, beispielsweise «der Mensch», den Eindruck, es seien Frauen und Männer in ihrer Vielfalt gemeint?
Beispiele und Grafiken	Werden Männer und Frauen in Beispielen und Grafiken sprachlich und durch Symbole in Anzahl und Qualität gleich behandelt?
Substantivierung	Werden Substantive etc. unnötigerweise personifiziert oder maskulinisiert?
Zitate/ Gesetzestexte	Treten sexistische Zitate gehäuft auf? Werden diese zumindest kommentiert? Werden unvermeidliche sexistische Rechtsbegriffe in Gesetzen, Prüfungsordnungen und Rahmenstoffplänen in den didaktisch aufbereiteten Texten auf beide Geschlechter bezogen?
Sprichwörter/ Redensarten	Werden frauenfeindliche und/oder rassistische Sprichwörter und Redensarten verwendet?
«man»	Wird das Wort «man» exzessiv verwendet?
Begriffe mit Doppelbedeutung	Begriffe wie z.B. Betriebsrat oder Arbeitgeber, werden mal für Personen, mal für Organe, Institutionen, Verbände genutzt. Werden diese Begriffe geschlechtergerecht verwendet, wenn sie sich auf Personen beziehen?
Definitionen im Glossar	Beziehen sich die Definitionen sprachlich und inhaltlich auf beide Geschlechter?
Widersprüche	Gibt es Widersprüche zwischen Sprache und Inhalt der Texte?

8.6 Checkliste interkulturellen Lernens [67]

Tabelle 57a: Ebene – Selbstreflexion

Ziele	Methoden	Veranstaltungsform
■ sich der eigenen kulturellen und geschlechtlichen Geprägtheit bewusst werden ■ ethnozentrische Perspektiven kultureller Wahrnehmungs- und Deutungsmuster erkennen	■ biografische Selbstreflexion zu Themen: Selbstbild, Familie, Kindheit, Schule, Ausbildung, Beruf, Normen, Werte, Geschlechterrollen, Frauenrolle, Männerrolle u.a.	■ Seminare für ältere Deutsche Frauen und Männer und Migrantinnen und Migranten ■ Erinnerungsreisen, biografisches Arbeiten anhand von persönlichen Fotos oder

---

[67] Veronika Fischer: Elemente einer Didaktik interkulturellen Lernens, in: V. Fischer, Desbina Kallinikidou, Birgit Stimm-Armingeon: Handbuch der interkulturellen Gruppenarbeit, Schwalbach 2006, S.126–128; mit Ergänzungen von Blickhäuser/von Bargen, 2015

■ das historische Erbe aus Nationalismus/Kolonialismus etc. bearbeiten ■ Prozesshaftigkeit von Kultur und kultureller Identität erkennen	■ Erinnern durch ■ kreatives Gestalten ■ visuelle Impulse ■ Phantasiereisen ■ schreiben ■ Körperarbeit	Bildern aus der jeweiligen Zeit ■ Seminare zur interkulturellen Frauenbildung: Riten und Rituale ■ Seminare zur interkulturellen Männerbildung: Riten und Rituale mit Fotos und Geschichten

Tabelle 57b: Ebene – Begegnung, Konflikt und Kooperation

Ziele	Methoden	Veranstaltungsform
■ Akzeptanz der Anderen als gleichberechtigte Kommunikationspartner und Kommunikationspartnerinnen ■ Interessen und Bedürfnisse austauschen und gemeinsame Interessen eruieren ■ Einhalten von Kommunikationsregeln, beachten männlicher und weiblicher Kommunikationsstile ■ Offenheit ■ Neugier ■ positive Wertschätzung der Anderen ■ Authentizität ■ Erkennen von Normen, die soziale Situationen regulieren ■ Einsicht in kulturabhängige Geschlechterrollen ■ Kenntnisse über das Selbstkonzept der anderen Kommunikationspartner und Kommunikationspartnerinnen ■ Einsicht in soziokulturelle Hintergründe der Anderen ■ Konflikte aushalten und neue Formen der Konfliktaustragung erproben ■ gemeinsame Aufgaben bewältigen	■ Nicht-direktive Methoden ■ Übungen und Spiele ■ Rollenspiele ■ Planspiele ■ Konfliktmediation ■ Theaterspiel u.a. ■ weitere kreative Methoden	■ Städtepartnerschaften ■ Studienfahrten ■ Tandemkurse im Fremdsprachenbereich ■ Projektarbeit ■ Exkursionen ■ Kochkurse ■ Begegnungsveranstaltungen

Tabelle 57c: Ebene – Fremderleben

Ziele	Methoden	Veranstaltungsform
■ Umgang mit Befremdung lernen ■ Ethnozentrismus/Rassismus erkennen ■ Stereotypen, Vorurteile und Klischees abbauen – Reflexion von Geschlechterrollen und -stereotypen ■ die anderen als gleichberechtigte Partner und Partnerinnen akzeptieren ■ Perspektivenwechsel lernen ■ Empathie	■ erlebnispädagogische Ansätze ■ szenische Verfahren ■ Rollenspiele ■ Planspiele	■ Workshops, z.B. Theater ■ Kreativitätsworkshops

Tabelle 57d: Ebene – Solidarität

Ziele	Methoden	Veranstaltungsform
■ gemeinsame Interessen herausfinden ■ gesellschaftliche Hintergründe verstehen ■ strukturelle Gemeinsamkeiten und Differenzen der Lebenssituationen erkennen ■ die anderen als gleichberechtigte Partner und Partnerinnen akzeptieren ■ gemeinsam Aufgaben bewältigen	■ Zukunftswerkstatt ■ Rollenspiele ■ Planspiele ■ Projekte ■ Aktionen	■ Lokalfunkseminar ■ Zeitungsworkshop ■ Zukunftswerkstatt mit älteren Migrantinnen und Migranten sowie deutschen Frauen und Männern (Gender)

Tabelle 57e: Ebene – Globales Denken

Ziele	Methoden	Veranstaltungsform
■ strukturelle Ursachen von Migration erkennen ■ Antizipation neuer Lebensformen, neuer Familienformen, neuer Geschlechterrollenbilder	■ Zeitungstheater ■ Zukunftswerkstatt ■ Filme/Videos/Dias ■ Arbeit in geschlechtshomogenen und geschlechtsheterogenen Arbeitsgruppen ■ Gender-Dialoge	■ Zukunftswerkstatt ■ Theater ■ Studienfahrten

9 Arbeitshilfen in der internationalen Zusammenarbeit

9.1 Leitfragen: Gender-Mainstreaming im Europäischen Sozialfonds

Dies sind Leitfragen, um Gender-Mainstreaming als systematischen, integrierten geschlechtersensiblen Handlungsansatz für alle Interventionen, in allen Phasen, unter Beteiligung aller Akteure und Akteurinnen zu implementieren.[68]

Tabelle 58a

	Sozio-Ökonomische Analyse
Impulsfragen	▪ Ist bei den Institutionen, die für die Erstellung der Analysen beauftragt werden, Gender-Kompetenz vorhanden? ▪ Ist bei der sozioökonomischen Analyse sichergestellt, dass der geschlechterdifferenzierte, geschlechtersensible und geschlechterspezifische Fokus integral berücksichtigt ist? ▪ Sind Grafiken und Tabellen zu personenbezogenen Daten geschlechter-differenziert? ▪ Gibt es Unterschiede in der Betroffenheit und in den Problemlagen von Frauen und Männern? Was sind die Ursachen hierfür? ▪ Gibt es innerhalb der verschiedenen arbeitsmarktpolitischen Zielgruppen Unterschiede zwischen Frauen und Männern? Werden Zielgruppen grundsätzlich geschlechter-differenziert betrachtet oder werden Frauen als homogene (Ziel-) Gruppe betrachtet? ▪ Wo werden Geschlechterunterschiede konstruiert, die nicht (mehr) existieren (Teilzeitqualifizierungen oder Teilzeiterwerbstätigkeit für Frauen, Vollzeitqualifizierungen oder Vollzeiterwerbstätigkeit für Männer?) ▪ Welche geschlechterdifferenzierten Wirkungen werden im Rahmen der ex-ante Evaluierung bezüglich der Interventionen angenommen?
Kontrollfragen	▪ Überprüfung der Gender-Kompetenz der Autor_innen resp. Einbindung von Gender-Expert_innen. ▪ Durchgängige Analyse und Interpretation der Problemlagen der Geschlechter in allen Zielgruppen (Grafiken, Tabellen, Schaubilder).

---

68 Vgl. Bundesministerium für Familie, Senioren, Frauen und Jugend (Hg.): Leitfaden Gender-Mainstreaming im Europäischen Sozialfonds, erstellt von Henriette Meseke, COMPASS-Gmbh Bremen, unter Mitwirkung von Dr. Regina Frey, Berlin 2004; ergänzt durch Blickhäuser/von Bargen; www.bmfsfj.de/RedaktionBMFSFJ/Abteilung4/Pdf-Anlagen/kurzfassung-des-leitfadens-zur-implementierung-und-umsetzung-von-gender-mainstreaming-im-europaeischen-sozialfonds,property=pdf,bereich=bmfsfj,sprache=de,rwb=true.pdf (Abfrage 16.3.2015)

	■ Vermeidung einer additiven Berücksichtigung des frauenspezifischen oder Gender-Aspektes. ■ Ausschluss von Gleichstellungs- bzw. Geschlechtsneutralität als Bewertungskriterium bzw. Darstellungsart.
Ergebnissicherung	■ Gewährleistung der Übernahme der Ergebnisse der geschlechtersensiblen sozio-ökonomischen Analyse in die Zielformulierung bzw. Zielsetzung in allen Politikfeldern des Programmplanungsdokumentes. ■ Welche Konsequenzen müssen aus den Ergebnissen der Analyse unter dem Gender-Fokus für die Ziele gezogen werden? ■ Wie ist das Verhältnis der Betroffenheit von arbeitsmarktpolitischen Problemen zwischen den Geschlechtern?

Tabelle 58b

Zielsetzung	
Impulsfragen	■ Basieren die Zielsetzungen auf adäquaten geschlechts-spezifischen bzw. geschlechter-differenzierten Analysen? ■ Werden innerhalb aller Zielsetzungen geschlechts-spezifische Implikationen behandelt? Gibt es Schwerpunktsetzungen? ■ In welchem Verhältnis stehen die quantitative und die qualitative Förderung von Frauen (und Männern)? ■ Werden für Frauen und Männer unterschiedliche Zugänge und/oder Barrieren bezüglich der Teilnahme an Förderungen antizipiert bzw. wahrgenommen? ■ Gibt es neue Barrieren oder Zugangshemmnisse für Frauen oder Männer? ■ Wird der Unterrepräsentanz von Frauen (und Männern) in verschiedenen arbeitsmarktpolitischen Kontexten Rechnung getragen? Welche gezielten Maßnahmen werden hierfür eingesetzt?
Kontrollfragen	■ Welche Zielsetzung liegt der quantitativen Förderung von Frauen (und Männern) zu Grunde? ■ Welche Wirkungen können hinsichtlich der Förderung von Frauen (und Männern) entsprechend ihres Anteils an den Arbeitslosen antizipiert werden? ■ Werden Aktivitäten für Männer unter dem Fokus von Gender-Mainstreaming gefördert (Vereinbarkeit von Familie und Beruf)? Werden sie aus dem Budget des Politikfeldes finanziert? ■ Ist die Entwicklung konzeptioneller Grundlagen zu Gender-Mainstreaming Gegenstand der Zielsetzungen? Woraus werden sie finanziert und in welcher Weise werden die Ergebnisse verbreitet?
Ergebnissicherung	■ Der Förderung der Chancengleichheit von Frauen und Männern wird ein im Verhältnis zu den anderen Zielen hoher Stellenwert beigemessen und diese dementsprechend durch verbindliche Aussagen, Vorgaben und Vereinbarungen fixiert. ■ Kontrollmechanismen zur Überprüfung der Einhaltung innerhalb der Planung und Operationalisierung werden festgeschrieben.

Tabelle 58c

	Planung und Operationalisierung
Impulsfragen	■ Enthält das Programmplanungsdokument bzw. die Ergänzung zur Programmplanung eine operationalisierte Strategie zur Umsetzung von Gender-Mainstreaming? ■ Sind konzeptionelle Grundlagen für die Implementierung und Umsetzung von Gender-Mainstreaming geplant oder bereits durchgeführt? (Studien, Konzepte) ■ Gibt es verbindliche Strukturen, in denen Zuständigkeiten und Verantwortlichkeiten zur Einhaltung von Vorgaben bezüglich Gender-Mainstreaming festgelegt sind? ■ Gibt es dezidierte Festlegung für die Steuerungsgremien (Beteiligung von Männern und Frauen in Steuerungs- und Begleitgremien, Aneignung von Gender-Kompetenz)? ■ Werden frauenpolitische Organisationen und/oder Gender-Expert/inn/en in die Begleitgremien aktiv einbezogen? ■ Werden Aktivitäten zur (Weiter-)Entwicklung des Bewertungssystems bzw. des Indikatorensets unter dem Gender-Fokus festgelegt? ■ Bilden die Indikatoren die Komplexität der Zielerreichung Abbau geschlechts-spezifischer Diskrepanzen auf dem Arbeitsmarkt ab? ■ Werden im Prüf- und Bewilligungsverfahren besondere Vorkehrungen zur Bewertung von Anträgen unter dem Gender-Fokus festgelegt? Welche Konsequenzen werden bei Nicht-Berücksichtigung der Chancengleichheit von Frauen und Männern gezogen? ■ Wie wird gewährleistet, dass ein inhaltlicher fachpolitischer Diskurs über Gender-Mainstreaming in den Steuerungsgremien stattfindet? ■ Gibt es ein Budget oder Zugriff auf ein Budget für die Implementierung der Gender-Mainstreaming-Strategie?
Kontrollfragen	■ Gibt es eine langfristig angelegte, strukturell und personell abgesicherte Strategie zu Gender-Mainstreaming? ■ Wer ist für die Einhaltung der Vorgaben verantwortlich? Haben diese Personen Entscheidungskompetenz? ■ Gibt es Festlegungen zur möglichen Kurskorrektur hinsichtlich der Berücksichtigung von Chancengleichheit und Gender-Mainstreaming? ■ In welcher Form wird die Einbeziehung von (externer) Gender-Kompetenz organisiert: Qualifizierung auf welcher Ebene mit welcher Zielsetzung?
Ergebnissicherung	■ Eine tatsächliche Ergebnissicherung zum Verfahrensschritt Planung und Operationalisierung würde bedeuten, die Vorgaben und Festlegungen zum Thema Gender-Mainstreaming und Chancengleichheit innerhalb der jeweiligen Programmplanungsdokumente zu recherchieren und zu überprüfen, ob und inwieweit sie eingehalten wurden.

Tabelle 58d

	Implementierung
Impulsfragen	■ Welche organisatorischen und personellen Vorkehrungen sind innerhalb der Verwaltungsbehörde und der Fondsverwaltung zur Einhaltung der Gender-Mainstreaming-Vorgaben in den Planungsdokumenten getroffen worden? ■ Welche Arbeitsschritte ergeben sich aus den Zielsetzungen der Programmplanungsdokumente: Erstellung von Konzepten, Ableitung von spezifischen Strategien, Einrichtung von Arbeitsgruppen, Organisation der Qualifizierung, Unterstützung von Trägern, Öffentlichkeitsarbeit zu Gender-Mainstreaming? ■ Werden externe Gender-Expert/inn/en oder Gender-Beiräte in den administrativen Prozess kontinuierlich einbezogen? ■ Enthalten die Richtlinien zur Umsetzung des ESF einen integralen Ansatz zur Förderung der Chancengleichheit? Wird die Implementierung von Gender-Mainstreaming als eigenständige Strategie dargelegt? ■ Welche Vorkehrungen werden getroffen, um innerhalb des Prüfungs- und Bewilligungsverfahrens adäquate und wirksame Kriterien zu entwickeln? ■ Beinhaltet die Aufgabenbeschreibung der Technischen Hilfe Vorgaben zur Unterstützung des Gender-Mainstreaming-Prozesses? Werden diesbezüglich Gender-Kompetenzen der durchführenden Institution verlangt? ■ Wird die Entwicklung oder Anpassung des Monitoringsystems unter Gender-Mainstreaming Gesichtspunkten vorgenommen? Gibt es Möglichkeiten zur Ergänzung von geschlechterspezifischen Informationsabfragen? ■ Wird die Beauftragung einer Programmevaluierung nach Kriterien des Gender-Mainstreaming gestaltet (Gender-Mainstreaming und Chancengleichheit als integraler Untersuchungsgegenstand mit hoher Gewichtung, Gender-Expertise in der zu beauftragenden Institution)?
Kontrollfragen	■ Werden fehlende Ressourcen als Grund für mangelnde oder fehlende Aktivitäten bezüglich Gender-Mainstreaming genannt? ■ Haben die Aktivitäten zu Gender-Mainstreaming einen nachgeordneten Stellenwert (letzter Tagesordnungspunkt auf wichtigen Sitzungen, keine finanziellen Spielräume)? ■ Gibt es Möglichkeiten zur Nachbesserung des politischen Willens?
Ergebnissicherung	■ Die genannten Fragen machen deutlich, dass sich in der Phase der Implementierung herauskristallisiert, ob ein starker politischer Wille mit entsprechend engagierten Frauen und Männern das Ziel der Geschlechtergerechtigkeit unterstützt, oder ob Gender-Mainstreaming notgedrungen und insofern technokratisch behandelt wird. Es ist häufig zu beobachten, dass Diskussionen über Gender-Mainstreaming oder Chancengleichheit emotional hoch aufgeladen sind. Die Grenzen zwischen persönlicher Betroffenheit, politischen Auffassungen sowie offiziellen Funktionen sind fließend, was einen sachlichen Diskurs häufig erschwert. Eine wertvolle Unterstützung in dieser Phase ist die Einbeziehung einer Fachöffentlichkeit. Sie dient einerseits der Überprüfung der Frage, ob die konzeptionellen Grundlagen und strategischen Planungen tatsächlich etwas mit Gender-Mainstreaming zu tun haben. Andererseits kann sie durch gezielte Öffentlichkeitsarbeit ein gewisses Maß an politischem Druck entfalten, falls der politische Wille fehlt. Für die Prozesse zwischen Fondsverwaltungen und Begleitgremien wäre die optimale Lösung ein internes Qualitätsmanagement bzw. Qualitätssicherungen für die verbindliche und kontinuierliche Arbeit am Gender-Mainstreaming-Prozess.

Tabelle 58e

	Umsetzung
Impulsfragen	**Projektanträge** ■ Liegt dem Projektantrag eine geschlechterdifferenzierte bzw. geschlechtsspezifische Analyse der Ausgangslage und der Zieldefinition zu Grunde? ■ Welche Daten und Informationen wurden dabei – geschlechtssensibel – analysiert und bewertet? ■ Wurden fachspezifische Gender-Kompetenzen/Gender-Expertise in die Konzeptentwicklung einbezogen? ■ Welche Wirkungen können hinsichtlich des Abbaus der geschlechtsspezifischen Diskrepanzen erwartet werden? ■ Welchen Nachweis erbringt der Projektträger hinsichtlich der auf die eigene Organisation bezogenen Integration der Geschlechtergerechtigkeit? **Prüfung/Bewilligung/Unterstützung** ■ Analog zu welchen programmatischen Zielsetzungen zur Chancengleichheit von Frauen und Männern werden Projekte geplant, geprüft und bewilligt? ■ Wie verbindlich sind die Prüfkriterien zu Gender-Mainstreaming und welche Gewichtung erhält dieses Kriterium im Verhältnis zu anderen Kriterien? ■ Welche Instrumente und Strategien werden eingesetzt, um die Projektträger hinsichtlich der Realisierung der Chancengleichheit zu unterstützen: Veranstaltungen, Workshops, Leitfäden, Handreichungen? ■ In welcher Form werden Projektträger bei der Implementierung von Gender-Mainstreaming unterstützt (Beratung)? ■ Gibt es einen kontinuierlichen öffentlichen Austausch zu Erfahrungen hinsichtlich der Umsetzung von Gender-Mainstreaming?
Kontrollfragen	■ Welche Konsequenzen erwarten die Antragsteller/innen bei Nicht-Berücksichtigung von Gender-Mainstreaming? ■ Welche strategischen Vorkehrungen werden hinsichtlich des Widerspruchs zwischen inhaltlichen Prüfkriterien zur Chancengleichheit und dem Druck zur Mittelbindung getroffen?
Ergebnissicherung	■ Die Administration hat eine langfristig angelegte, verbindliche und auf einem Konzept beruhende Gender-Mainstreaming-Strategie entwickelt. Die Trägersysteme, die Institutionen, die die Projekte durchführen, sind gefordert, Gender-Mainstreaming zu berücksichtigen. ■ Evaluierung: Was ist mit welcher Zielsetzung auf welche Art gefördert worden und welche Wirkungen und Effekte hat diese Förderung erzielt?

Tabelle 58f-a

Begleitung a) Steuerungsgremien und -instanzen	
Impulsfragen	■ In welcher Form manifestiert sich der Stellenwert von Gender-Mainstreaming innerhalb des Begleitausschusses, z.B. Repräsentanz von Frauen und Männern, Vertretung frauenpolitischer Organisationen, Aneignung von Gender-Kompetenz, fachpolitische Diskussionen? ■ In welcher Form fungiert der Begleitausschuss als Steuerungsgremium bezüglich der Förderung der Chancengleichheit von Frauen und Männern in der Programmumsetzung? ■ Fließen Erkenntnisse aus Forschung und Wissenschaft zu Gender(-Mainstreaming) in die laufende Programmumsetzung ein? ■ Wird externe Expertise (Gender-Kompetenz-Zentren, Wissenschaftlerinnen und Wissenschaftler) für die Programmbegleitung genutzt? ■ Wird bei der Beauftragung Dritter Gender-Mainstreaming als relevantes Kriterium der Auftragsvergabe durchgeführt: Technische Hilfe, Evaluierungen, Gutachterinnen und Gutachter, Öffentlichkeitsarbeit usw.
Kontrollfragen	■ Wer überprüft die adäquate Berücksichtigung von Gender-Mainstreaming innerhalb der Steuerungsgruppe?
Ergebnissicherung	■ personelle Verantwortung für den Prozess festlegen ■ verbindliche Strukturen vereinbaren

Tabelle 58f-b

Begleitung b) Technische Hilfe als Unterstützungsstruktur	
Impulsfragen	■ Gibt es in der Technischen Hilfe ein Budget für Gender-Mainstreaming? ■ Gibt es verantwortliche Personen für Gender-Mainstreaming mit Entscheidungskompetenz? ■ Werden gezielte Öffentlichkeitsmaterialien zu Gender-Mainstreaming erstellt und verbreitet? ■ Auf welche Weise wird innerhalb der Technischen Hilfe die Aneignung von Gender-Kompetenz organisiert?
Kontrollfragen	■ Sind Frauen und Männern auf allen Hierarchieebenen der Technischen Hilfe repräsentiert? ■ Werden im Rahmen der Publizitätspflicht spezielle Initiativen zu Gender-Mainstreaming verfolgt?
Ergebnissicherung	■ Technische Unterstützungsstrukturen sind z.B. eigenständige Einrichtungen innerhalb der Organisation.

Tabelle 58f-c

	Begleitung c) Monitoring und Controlling
Impulsfragen	■ Ist das Monitoringsystem geeignet, die Implementierung und Umsetzung von Gender-Mainstreaming abzubilden? ■ Ist das Stammblatt geeignet, Informationen zur Chancengleichheit zwischen den Geschlechtern zu liefern? (Differenzierung nach Geschlecht der Zielgruppen, betreuungspflichtige Kinder, Einkommensunterschiede, Übergänge in den ersten Arbeitsmarkt, Qualität der Beschäftigungsverhältnisse?) ■ In welchen Bereichen fehlen beim Stammblatt Informationsabfragen zur Geschlechterrelevanz? ■ Liefern Monitoring und Controlling Informationen darüber, welche Mittel (z.B. Kinderbetreuungskosten, Erstellung von Studien zu Gender-Mainstreaming) innerhalb des Budgets für die spezifische Frauenförderung (und Männerförderung) enthalten sind? ■ Sind gesonderte Erhebungen und spezifische Instrumente notwendig, um geschlechterspezifische Diskrepanzen erfassen zu können und ggf. Fortschritte oder Rückschritte benennen zu können? ■ Wird bei der Erstellung der Jahresberichte die Chancengleichheit von Frauen und Männern integral berücksichtigt?
Kontrollfragen	■ Werden Veränderungen oder Ergänzungen des Monitoringsystem aus Kostengründen abgelehnt? ■ Wie sollen die zur Beurteilung der Zielerreichung Chancengleichheit notwendigen Informationen ermittelt werden, wenn es keine adäquaten Korrekturen der vorhandenen Systeme gibt?
Ergebnissicherung	■ Grundlage sind geschlechterdifferenziert erhobene Daten. Die Irritationen, die aufgrund der häufigen Anpassungen, Veränderungen oder gänzlich neuer Datenerfassungssysteme entstanden sind, erschweren die Diskussion über die Einbeziehung zusätzlicher Abfragen.

Tabelle 58g

	Evaluierung
Impulsfragen	■ Wird bei der Beauftragung von Evaluationen Gender-Mainstreaming als integraler Untersuchungsansatz gefordert? ■ Welche Gewichtung erhält Gender-Mainstreaming bei der Vergabe von Aufträgen zur Evaluierung? ■ Wird Gender-Expertise in den anbietenden Institutionen als Bedingung zur Teilnahme an Ausschreibungen festgelegt? ■ Welche Standards zur Untersuchung der Chancengleichheit werden von Seiten der Auftraggeberinnen und Auftraggeber festgelegt: Teilnahmen, Mittelaufteilung, Instrumenteneinsatz, Integration in den Arbeitsmarkt? ■ Sind die beauftragten Institutionen gefordert, bezüglich der (Weiter-)Entwicklung von Bewertungsrastern und Gender-Indikatoren zu arbeiten?

Kontrollfragen	■ Verfügt das Untersuchungsdesign über einen integralen Untersuchungsansatz zu Gender-Mainstreaming? ■ Welche theoretischen und konzeptionellen Grundlagen werden für die Begutachtung von Angeboten herangezogen? ■ Wer begutachtet die jeweiligen Angebote? Wird hierbei dezidiert Gender-Expertise einbezogen?
Ergebnissicherung	■ Die Ergebnissicherung für einen integrierten Gender-Mainstreaming-Untersuchungsansatz bildet sich in den Produkten der Evaluierung auf Programmebene ab.

9.2 Leitfaden zur Integration von Gleichstellung und Gender-Mainstreaming in Interessensbekundungen des Programms «weiter bilden»[69]

Tabelle 59

Gender-Mainstreaming beinhaltet, dass das Projekt zur Gleichstellung von Frauen und Männern beiträgt	Beschreiben Sie die konkrete Situation der weiblichen Beschäftigten in dem von Ihnen gewählten Feld (Gender-Analyse). Beschreiben Sie realistische und angemessene Teilhabe-, Ergebnis- und Wirkungsziele. Beschreiben Sie, welchen Beitrag Ihr Projekt zur Gleichstellung von Frauen und Männern im jeweiligen Arbeitsfeld leistet. Erläutern Sie, inwieweit der erzielte Gleichstellungsbeitrag einen Mehrwert für die Gleichstellung im jeweiligen Weiterbildungsbereich haben kann. Nennen Sie gegebenenfalls konkrete Maßnahmen, die Sie dafür vorgesehen haben.
Voraussetzungen	■ Gender-Analyse ■ Formulierung von gleichstellungspolitischen Zielen ■ Ausformulieren eines durchgängigen Gender-Mainstreaming-Konzepts (d.h. Erläuterungen, wie die Umsetzung erfolgt und wie die Erreichung des Gleichstellungsziels erfasst werden kann)
Mögliche Ansatzpunkte	■ Welche Rechtsgrundlagen zur Chancengleichheit von Frauen und Männern bestehen? (vgl. allgemeine Fördergrundsätze für Förderungen im Rahmen des operationellen Programms des Bundes für den Europäischen Sozialfonds) ■ Was sind inhaltliche Gender-Aspekte der Weiterbildung? ■ Was ist ein Gender-Mainstreaming Konzept? ■ Was ist ein «Beitrag zur Gleichstellung» im Bereich der Weiterbildung? ■ Was ist eine Gender-Analyse?

[69] Vgl. Regina Frey: Leitfaden zur Integration von Gleichstellung. Gender-Mainstreaming in Interessensbekundungen des Programms «weiter bilden», Stand: 25.7.2011

- Welche Gleichstellungsziele gibt es im Bereich der Weiterbildung?
  - Teilhabeziele
  - Ergebnisziele
  - Wirkungsziele
- Was bedeutet Gender-Kompetenz?
  - Wollen – Wissen – Können
- Was bedeuten gleiche Zugangsmöglichkeiten von Frauen und Männern?

9.3 Leitfäden vom Verband Entwicklungspolitik Deutscher Nichtregierungsorganisationen e.V. (VENRO)

9.3.1 Schema eines Projektzyklus aus Gender-Perspektive[70]

Tabelle 60

1. Situationsanalyse	- Identifikation der spezifischen Interessen/Situation der weiblichen und männlichen Zielgruppen - Analyse möglicher Partnerorganisationen, Regierungsinstitutionen und anderer Gruppierungen hinsichtlich ihrer Gender-Diversity-Kompetenzen
2. Projektplanung	- Klarheit über die Zielsetzung der Geschlechtergerechtigkeit und die gewünschten Wirkungen auf Frauen und Männer (in ihrer Vielfalt) herstellen - Festlegung einer gender-sensiblen Ziel-, Strategie- und Aktivitätenplanung sowie entsprechender Zuständigkeiten - Analyse des Bedarfs an spezifischen Maßnahmen für Männer und Frauen (in ihrer Vielfalt) - Risikoanalyse hinsichtlich der Auswirkungen des Projekts auf Frauen und Männer (in ihrer Vielfalt) - gender-sensible (Wirkungs-)Indikatoren formulieren - gender-sensible Budget- und Ressourcenerstellung
3. Projektdurchführung	- gender-sensible Aufgabenverteilung - gleichberechtigte Beteiligung von Frauen und Männern an Entscheidungsprozessen - gender-sensibles Monitoring, gemeinsam mit weiblichen und männlichen Zielgruppen

---

[70] Gewusst wie – Gender in der Entwicklungszusammenarbeit, VENRO Gender-Handbuch, 2010, S. 33

4. Monitoring/Evaluation	■ Evaluierungsteams aus Frauen und Männern (in ihrer Vielfalt) sowie mindestens einer Person mit Gender-Diversity-Kompetenz ■ Berücksichtigung geschlechtsspezifischer Fragen in der gesamten Evaluierung sowie zusätzlich spezifischer Fragen zum Geschlechterverhältnis und den Projektauswirkungen auf Frauen/Männer ■ partizipative Überprüfung der gender-sensiblen Indikatoren

9.3.2 Checkliste zur Projektprüfung aus geschlechtsspezifischer Perspektive[71]

Tabelle 61

Situationsanalyse	Wird in der Beschreibung des Projektumfelds die Situation von Frauen und Männern differenziert berücksichtigt ■ Zugang zu Ressourcen ■ Präsenz in Entscheidungsgremien ■ Fähigkeiten ■ Kenntnisse ■ Bedürfnisse ■ Interessen
	Basiert die Analyse auf Daten, die nach Geschlecht und sozialen Faktoren erhoben wurden?
	Wenn keine entsprechenden Daten vorliegen: Können entsprechende Informationen anderweitig eingeholt werden, zum Beispiel über qualitative Interviews?
	Werden lokale Expertinnen und Experten in den Analyseprozess einbezogen?
	Welche kulturellen und traditionellen Vorstellungen stehen hinter der der Diskriminierung der Geschlechter? Welchen Einfluss könnten diese auf den Projektverlauf nehmen?
Projektträger	Hat die Organisation eine Gender-Policy?
	Besitzt sie Erfahrungen in der Umsetzung von Gender-Mainstreaming beziehungsweise frauen- oder männerspezifischer Maßnahmen?
	Wie sieht die Beschäftigungsstruktur (Anzahl, Qualifikation) weiblicher und männlicher Mitarbeiter in den Durchführungseinheiten (Verwaltung, Programmarbeit) und in den Leitungs- und Kontrollorganen aus?
	Inwiefern sind Mitarbeiterinnen an internen Entscheidungsprozessen beteiligt?
	Werden Mitarbeiterinnen und Mitarbeiter des Projektträgers bezüglich des Menschen- und Frauenrechtsansatzes, inklusive des Themas «Gewalt gegen Frauen» sensibilisiert?

---

[71] Ebd., S. 34–37

Planung	Wird Geschlechtergerechtigkeit und das Empowerment von Frauen im Oberziel des Projekts berücksichtigt?
	Werden die Verbesserung der Lebenssituationen von Frauen und Männern und die Gleichberechtigung der Geschlechter in den Projektzielen berücksichtigt?
	Sind in den erwarteten Ergebnissen mögliche positive oder negative Auswirkungen (direkter und indirekter Art) auf Frauen und Männer vorhergesehen? Welche?
	Verändert das Projekt bestehende Machtverhältnisse und Entscheidungsspielräume sowie die vorhandene Ressourcen- und Arbeitsverteilung zwischen den Geschlechtern?
Zielgruppe	Welche Zielgruppen werden angesprochen? Werden Frauen und Männer gleichmäßig berücksichtigt? Wenn nein, warum nicht?
	Ist die geschlechtsspezifische Zusammensetzung der Zielgruppe in Bezug auf Geschlechtergerechtigkeit angemessen?
	Wird bei der Zielgruppenanalyse die Situation von Frauen und Männern differenzier betrachtet? Werden zum Bespiel Angaben zum sozio-ökonomischen und kulturellen Status, zu Alter, Ethnie und der Organisationsstruktur gemacht?
	Welche praktischen Bedürfnisse und strategischen Gender-Interessen bestehen für die einzelnen Zielgruppen?
Methodenwahl	Ist die Wahl der Methode angesichts der sozialen, kulturellen und ökonomischen Unterschiede zwischen Frauen und Männern in der jeweiligen Gesellschaft angemessen?
	Gibt es spezifische Maßnahmen für Frauen und Männer bzw. ist eine gesonderte Förderung notwendig?
	Fördert das Projekt die aktive Teilnahme von Frauen und Männern in allen Phasen?
	Ziehen Frauen und Männer gleichermaßen Nutzen aus dem Projekt?
	Wird die Arbeitslast im Rahmen des Projekts und seines Umfelds gerecht zwischen den Geschlechtern verteilt?
Geplante Maßnahmen	Sind Aktivitäten vorgesehen, die dazu beitragen, traditionelle Rollenverhalten und Geschlechterverhältnisse zu hinterfragen und gegebenenfalls zu verändern?
	Sind gesonderte Maßnahmen geplant, die nur Frauen beziehungsweise nur Männern zugutekommen?
	Ist sichergestellt, dass die Maßnahmen bestehende Geschlechterungleichheiten nicht reproduzieren oder verstärken?
Ressourcen und Gender-Budgeting	Wie verteilen sich die Personalkosten, und wer verfügt über die weiteren Arbeitsressourcen (Computer, Auto etc.)?
	Sind gesonderte personelle und finanzielle Ressourcen für die Arbeit im Bereich Geschlechtergerechtigkeit notwendig?
	Sind die Ressourcen des Projekts für Frauen und Männer der Zielgruppen gleichermaßen zugänglich? Wenn nicht: Welche Maßnahmen sind zur Überwindung dieses Zustands vorgesehen?
	Wer profitiert in welcher Weise von den veranschlagten Mitteln und Aktivitäten? Wie viele Mittel werden pro Kopf für Frauen bzw. für Männer ausgegeben?

Umsetzung	Wird die (geschlechtersensible) Planung auch tatsächlich umgesetzt?
	Werden Verantwortung und Entscheidungsbefugnisse im Arbeitsteam gerecht zwischen den Geschlechtern verteilt?
	Wird die Arbeitsbelastung im Arbeitsteam gerecht zwischen den Geschlechtern verteilt?
	Ist dafür gesorgt, dass das Arbeitsteam über die nötige Gender-Sensibilität verfügt?
	Steht dem Projektteam – falls nötig – Gender-Beratung zur Verfügung?
	Ist das Projektteam im Menschen- und Frauenrechtsansatz ausgebildet? Ist es für das Thema «Gewalt gegen Frauen» sensibilisiert?
Monitoring und Evaluierung	Sind Indikatoren geschlechtersensibel formuliert?
	Welche geschlechtsspezifischen Wirkungen sind festzustellen?
	Welche unerwarteten Wirkungen sind eingetreten?
	Ist sichergestellt, dass die Erkenntnisse aus dem bisherigen Prozess in die nächste Programm- und Projektplanung einfließen?

9.3.3 Checkliste für eine gender-sensible humanitäre Hilfe[72]

Tabelle 62

Fragen zur Ausgangssituation	Wie partizipieren Frauen an sozialen, wirtschaftlichen, religiösen und politischen Strukturen vor Ort?
	Wie sind Frauen und Männer, Mädchen und Jungen jeweils von der Katastrophe betroffen?
	Entstehen aus der Katastrophe spezielle Probleme für Frauen, Kinder oder Männer (Sicherheit, Schutz)?
	Welche geschlechtsspezifischen Normen haben Einfluss beim Zugang zu Hilfe? Haben Frauen die gleichen Möglichkeiten oder wird ihr Zugang behindert, beispielsweise durch begrenzte Mobilität, Bildungsstand, Arbeitsbelastung?
	Bergen das Wasserholen und der Gang zur Toilette erhöhte Gefahren für Frauen und Kinder?
Fragen zur Ausgestaltung des Nothilfeeinsatzes	Was bedeutet diese Ausgangssituation für die Hilfe, den Wiederaufbau und die Rehabilitationsmaßnahmen (in Bezug auf die Bedürfnisse der Zielgruppen, ihren Zugang zu Hilfe und ihren Beitrag zum Wiederaufbau)?
	Werden die Bedürfnisse von schwangeren und stillenden Frauen, alleinerziehenden, alten oder behinderten Frauen berücksichtigt?
	Werden die Bedürfnisse von Frauen bezüglich ihrer reproduktiven Gesundheit berücksichtigt (Verhütungsmittel, Hygieneartikel)?

---

[72] Ebd., S. 32–43

Gibt es Dienste für Frauen, die sexuelle beziehungsweise sexualisierte und häusliche Gewalt, HIV-Ansteckung oder andere sexuell übertragbare Krankheiten traumasensitiv behandeln?

Werden kulturell angepasste Kleidung und Hygieneartikel für Frauen zur Verfügung gestellt, damit sie am öffentlichen Leben teilhaben können (Kopfbedeckung, Unterwäsche)?

Was wird Überlebenden sexualisierter und anderer Gewalt angeboten? (Zum Beispiel traumasensible psychosoziale Unterstützung, medizinische Versorgung, HIV Post Exposure Prophylaxis (PEP)?

Werden während des Einsatzes Daten zu geschlechtsspezifischer Gewalt gesammelt?

Werden Frauen bei der Planung, Organisation und Durchführung von Nothilfemaßnahmen befragt und an Entscheidungen beteiligt?

Sind Frauenorganisationen in die Budgetierung durch die Geber explizit einbezogen?

Wird die Zielgruppe Männer als Einheit oder differenziert nach ihren unterschiedlichen Bedürfnissen betrachtet?

Gibt es einen Code of Conduct für Mitarbeiterinnen und Mitarbeiter der humanitären Hilfe, der sexuelle beziehungsweise sexualisierte Gewalt benennt und bestraft?

Gibt es Sensibilisierungstrainings zu geschlechtsspezifischer Gewalt und zum Umgang mit Traumatisieren vor dem Einsatz?

9.4 Gender-Kriterien des Bundesministeriums für wirtschaftliche Zusammenarbeit[73]

Die übersektorale Kennung zur Gleichberechtigung der Geschlechter (kurz: GG-Kennung) wurde 1997 vom OECD DAC eingeführt, um zwischen den Mitgliedsstaaten eine Vergleichbarkeit der öffentlichen Entwicklungsmaßnahmen sowie eine verbesserte Koordination zu gewährleisten. Der «Gender Policy Marker» ist in der deutschen Entwicklungszusammenarbeit seit dem Jahr 2000 verbindlich anzuwenden. Die GG-Kennung gibt Auskunft darüber, inwieweit ein Vorhaben das Ziel verfolgt, die Gleichberechtigung der Geschlechter zu fördern und Diskriminierungen bzw. Ungleichheiten im Geschlechterverhältnis abzubauen.[74] Diese Kriterien sind somit auch im Arbeitsbereich des Bundesministeriums für wirtschaftliche Zusammenarbeit verbindlich.

---

73 Ebd., S. 346–48
74 www.bmz.de/de/mediathek/publikationen/reihen/strategiepapiere/Strategiepapier341_02_2014.pdf (Abfrage 16.3.2015)

Tabelle 63

G-2 Gleichberechtigung der Geschlechter ist ein Hauptziel der Entwicklungsmaßnahme	Die folgenden Kriterien müssen in ihrer Gesamtheit erfüllt sein: ■ Die Entwicklungsmaßnahme ist konsistent mit der nationalen Gender-Strategie sowie gender-relevanten Aspekten in anderen nationalen Entwicklungsstrategien des Kooperationslands und fördert diese. ■ Die Entwicklungsmaßnahme ist darauf ausgerichtet, einen signifikanten Beitrag zum Abbau geschlechtsspezifischer Benachteiligungen zu leisten. Die Signifikanz des Beitrags zu jeweiligen Sektor ist zu beschreiben/zu belegen. ■ Die Entwicklungsmaßnahme dient nicht nur der unmittelbaren Verbesserung der Lebensbedingungen von Männern und Frauen, die aufgrund ihrer Geschlechtszugehörigkeit benachteiligt sind, sondern zielt darüber hinaus auf gesellschaftliche Veränderungsprozesse im Sinne der Gleichberechtigung von Männern und Frauen. Direkte strukturelle Wirkungen auf die Gleichberechtigung der Geschlechter sind über Wirkungsketten klar definiert, nachvollziehbar beschrieben und mit Indikatoren belegt. Sonst ist die Entwicklungsmaßnahme als G-1 einzustufen. ■ Frauen und Männer können entsprechend ihrer Interessen die Planung und Durchführung der Entwicklungsmaßnahme beeinflussen. Der methodische Ansatz, über den dies gewährleistet wird, ist im Konzept der Entwicklungsmaßnahme dargelegt. ■ Gleichberechtigung der Geschlechter ist durchgängig in der Konzeption der Entwicklungsmaßnahme verankert, das heißt, ist zentraler Gegenstand der Indikatoren, der Ressourcenzuteilung (finanzielle und personelle Ressourcen) sowie der im Rahmen der Entwicklungsmaßnahme geplanten Aktivitäten. ■ Stand der Umsetzung der oben aufgeführten Punkte ist Gegenstand von Monitoring und Berichterstattung.
G-1 Die Entwicklungsmaßnahme hat ableitbare positive Auswirkungen auf die Gleichberechtigung der Geschlechter Gleichberechtigung der Geschlechter ist aber keine Hauptzielsetzung der Entwicklungsmaßnahme	Zur Einordnung in G-1 müssen die folgenden Kriterien in ihrer Gesamtheit erfüllt sein: ■ Die Entwicklungsmaßnahme leistet einen signifikanten und relevanten Beitrag zur Gleichberechtigung der Geschlechter im jeweiligen Sektor beziehungsweise auf der regionalen Ebene. ■ Konkrete Wirkungen auf die Gleichberechtigung der Geschlechter werden über Wirkungsketten formuliert und mit (Wirkungs-)Indikatoren belegt. Bei Programmen muss die Gleichberechtigung der Geschlechter entweder durch ein Komponentenziel oder durch einen Indikator auf der Ebene des Hauptziels der Entwicklungsmaßnahme belegt sein. ■ Potentiale für unterstützende Maßnahmen zur Förderung der Gleichberechtigung der Geschlechter sind in der Konzeption der Entwicklungsmaßnahme beschrieben und angelegt. ■ Geschlechterspezifische Benachteiligungen treten nicht auf beziehungsweise werden, wenn sie sich nicht vermeiden lassen, durch zusätzliche Maßnahmen kompensiert. ■ Ansatz und Vorgehensweise zur Förderung der Gleichberechtigung der Geschlechter sind Bestandteil des Monitorings und der Berichterstattung zu der Entwicklungsmaßnahme.

G-0	Zur Einstufung in G-0 müssen die folgenden Kriterien erfüllt sein:
Die Entwicklungsmaßnahme birgt nicht das Potential, zur Gleichberechtigung der Geschlechter beizutragen.	■ G-0 ist dann zu vergeben, wenn sich für die Entwicklungsmaßnahme keine geschlechtsspezifischen Wirkungen ableiten lassen. G-0 darf nur in besonders begründenden Ausnahmefällen vergeben werden. ■ Die Nutzung der Leistungen einer Entwicklungsmaßnahme gleichermaßen von Männern und Frauen rechtfertigt keine Einstufung in G-0.

9.5 Leitfäden zur internationalen Zusammenarbeit der Heinrich-Böll-Stiftung

9.5.1 Gender-Kennungen für Maßnahmen und Projekte der internationalen Programme der Heinrich-Böll-Stiftung

Einleitung

Das Leitbild der Geschlechterdemokratie in der Heinrich-Böll-Stiftung postuliert gleiche Rechte und Chancen, gleichberechtigten Zugang zu und Teilhabe an wirtschaftlichen Ressourcen und politischer Macht – unabhängig von geschlechtlicher Identität oder sexueller Orientierung.

Geschlechterpolitische Herausforderungen

Hierarchien, Machtunterschiede und Dominanzverhältnisse zwischen den Geschlechtern sind weltweit noch längst nicht abgebaut. Trotz unbestrittener Fortschritte in der rechtlichen und politischen Gleichstellung aller Geschlechter in manchen Gesellschaften, bleibt die strukturelle Ungleichheit zwischen ihnen in vielen Teilen der Welt bestehen oder hat sich sogar eher verstärkt. Geschlechterverhältnisse und -hierarchien sind nicht isoliert von allgemeinen politischen, sozialen und v.a. ökonomischen Verhältnissen anzusehen, sondern als ihr integraler Bestandteil und oft als Schlüssel zu ihrem Verständnis. Denn «auch wenn sich Macht- und Interessenskonstellationen stetig wandeln, bleiben gerade hierarchisierte Geschlechterarrangements tief in gesellschaftlichen Institutionen und Organisationen verwurzelt. Gleichzeitig ist die Durchgängigkeit von Machtasymmetrien zwischen den Geschlechtern brüchig geworden. Sie differenzieren sich zwischen den Geschlechtern und innerhalb der jeweiligen Geschlechtergruppen aus. Eine schlichte Zweiteilung in mächtige Männer und ohnmächtige Frauen reicht nicht mehr aus, um Geschlechterverhältnisse zu beschreiben.»[75]

In dem oben bereits zitierten Grundlagenpapier für die geschlechterpolitische Arbeit der Stiftung, «Geschlechterpolitik macht einen Unterschied», werden die Anforderungen an unsere Arbeit formuliert. «Strategische und politische Ansätze für die Ziele Geschlechterdemokratie und Geschlechtergerechtigkeit müssen die

---

75 Vgl.: «Geschlechterpolitik macht einen Unterschied» von Barbara Unmüßig, 2007, S. 4

komplizierten Wechselbeziehungen zwischen Staat, Wirtschaft und Gesellschaft immer wieder neu in Bezug zu den Geschlechterverhältnissen setzen und die diversen und zum Teil widersprüchlichen Konstellationen analysieren. Gleichzeitig – das ist der Anspruch der Heinrich-Böll-Stiftung – müssen politische Strategien auch klar Position gegen eindeutige Macht- und Ausbeutungsstrukturen beziehen und aus dieser Perspektive zugunsten einer Geschlechtergruppe politische Initiativen ergreifen (d.h. zum Beispiel sich für die Rechte Homosexueller einsetzen oder ausschließlich Frauen in ihrer Selbstorganisation stärken).»[76]

Als Konsequenz dieses umfassenden Verständnisses von Geschlechterpolitik wird ein doppelter strategischer Ansatz für geschlechterpolitische Einmischung der Stiftung formuliert: «Wir fördern und stärken – je nach politischer Analyse und geschlechterpolitischer Prioritätensetzung – frauenspezifische (und männerspezifische) politische Anliegen und Netzwerke, also das, was klassische **Empowermentstrategien** sind, ebenso wie geschlechterdemokratische und **querschnittsorientierte Ansätze**.»[77]

Beide Strategien, die **explizite** (Empowerment – Gender-Kennungen G-2) und die **implizite** (Querschnitt – Gender-Kennungen G-1), haben dementsprechend ihre Berechtigung und keine von ihnen ist höher als die andere zu bewerten. Allerdings ist es für die HSB von großer Bedeutung, dass die Entscheidung für eine der beiden Strategien bewusst und auf der Grundlage einer (Gender-)Analyse getroffen wird, die im Grundsatz im Vorfeld eines jeweiligen Programms vorgenommen wird (als Teil der GOPP-Planung) und bezogen auf eine konkrete Maßnahme auch Bestandteil der Reflexion des Projektkontextes ist. Im Zuge einer detaillierten Ausarbeitung von Einzelmaßnahmen kann sich herausstellen, dass das jeweilige Projekt keine intendierte Einmischung (**weder explizit noch implizit**) in die Geschlechterverhältnisse verfolgt oder eine solche unter den gegebenen Umständen auch nicht möglich ist. Diese Option bleibt in der Projektarbeit der IZ nach wie vor bestehen (Gender-Kennung G-0).

Zur Zweckbestimmung des Instruments

Den einzelnen Maßnahmen und Kooperationen der internationalen Programme wird also im Ergebnis einer bewussten Reflexion des Projektkontextes bzw. seiner Rahmenbedingungen auf der einen Seite und in Rückbezug auf die Gender-Analyse für das Gesamtprogramm auf der anderen Seite eine Gender-Kennung zugewiesen.

Zweck und Intention dieser Kennzeichnung sind:

■ Förderung interner Reflexionsprozesse über bestehende Geschlechterverhältnisse und über die Möglichkeiten einer geschlechterpolitischen Intervention im Planungsprozess der Einzelmaßnahme;

---

[76] Ebd.
[77] Ebd., S.12

- Bewusste Entscheidungsfindung und Kommunikation der Wahl der Kennung gegenüber Dritten über die Maßnahmedokumentation;
- Sichtbarmachung der vielfältigen Wege geschlechterpolitischer Intervention zur Umsetzung von Geschlechterdemokratie als explizites oder Querschnittsthema in der jährlich stattfindenden Auswertung;
- Nutzbarmachung dieser Ergebnisse für die Steuerung und für die weitere strategische Planung;
- Budgetbezogene und abteilungsübergreifende Auswertungen nach überschaubaren und nicht zu komplexen geschlechterpolitischen Kriterien für strategische Fragestellungen.

Grundsätzlich wird zwischen folgenden Gender-Kennungen für Maßnahmen/Projekte unterschieden:

- G-0: ohne intendierte Wirkung auf Geschlechterverhältnisse
- G-1.0, G-1.1, G-1.2: mit implizit geschlechterpolitischen Zielsetzungen
- G-2.1, G-2.2, G-2.3, G-2.4: mit explizit geschlechterpolitischen Zielsetzungen.

Die Zuordnung erfolgt – außer in der Maßnahmendokumentation – auch im Formblatt Projektübersicht.

Grenzen des Instruments

Unsere geschlechterpolitischen Interventionen können aufgrund der komplexen Rahmenbedingungen nicht immer eindeutig mit einer der 8 Gender-Kategorien abgebildet werden. Die Markierung eines Projekts mit einer Gender-Kennung reduziert die jeweils vorgefundene Realität bzw. ist nur eine Annäherung an sie. Unsere Erfahrung mit dem Instrument zeigt, dass überall dort, wo vorab eine Gender-Analyse vorgenommen wurde, die geschlechterpolitische Zielstellung präziser war und damit die Auswahl der Gender-Kategorie bewusst getroffen wurde. Es gilt:

1. **Analyse,**
2. **geschlechterpolitische Zielfestlegung und**
3. **Vergabe der zutreffenden Gender-Kategorie.**

Die unten beschriebenen Definitionen der einzelnen Gender-Kennungen helfen euch die zutreffende Kategorie zu wählen. Gleichzeitig gibt es weiterhin Spielräume. Bei Aktivitäten, in denen mehrere Kategorien auf unsere geschlechterpolitische Einmischung zutreffen, sollten wir uns für die entscheiden, die überwiegt. Insgesamt ist die **Darstellung der gewählten gender-politischen Herangehensweise wichtiger als die Frage, ob hier die zutreffende Kategorie vergeben wurde.**

Tabelle 64: Definitionen der einzelnen Gender-Kennungen

Kennung	Beschreibung
G-0	Die Maßnahme/das Projekt hat **keine intendierten Auswirkungen** auf die Geschlechterverhältnisse und die Gleichberechtigung der Geschlechter. Geschlechtergerechtigkeit und/oder Geschlechterdemokratie sind **keine expliziten oder impliziten Zielsetzungen**. Kriterien/Begründungen: ■ Die «Ausleuchtung» des Projektkontextes bzw. eine Gender-Analyse haben ergeben, dass für die Maßnahme/das Projekt keine Möglichkeiten für eine geschlechterpolitische Einmischung angezeigt sind; ■ Eine Abwägung zwischen verschiedenen Ansätzen unter Einbeziehung hat ergeben, dass die Prioritäten hier anders gesetzt werden; bei der Vorbereitung des Projektes wurde keine Gender-Analyse durchgeführt bzw. es war nicht möglich oder nicht angezeigt diese durchzuführen (es lagen z.B. keine Daten vor, die in Rückbindung auf die Gender-Analyse für das Gesamtprogramm eine geschlechterpolitische Ausrichtung der gegebenen Maßnahme indizieren).
G-1	Die Maßnahme/das Projekt hat **ableitbare positive Auswirkungen** auf die Geschlechterverhältnisse und die Gleichberechtigung der Geschlechter. Geschlechtergerechtigkeit und/oder Geschlechterdemokratie sind **implizite Zielsetzungen**. *(Es muss eine der unten ausgeführten G-1.0, G-1.1 oder G-1.2 Kennungen ausgewählt werden.)*
G-1.0	**Beteiligung bisher unterrepräsentierter Geschlechter** auf Podien, in Publikationen oder bei den Teilnehmenden (ohne eine geschlechterspezifische Position zum jeweiligen Thema in den Vordergrund zu stellen, sonst wäre es G-1.1 oder G-1.2). Kriterien/Begründungen: ■ Die Maßnahme/das Projekt ist darauf ausgerichtet, weiblichen oder männlichen Expert_innen eine Stimme in einem ansonsten jeweils von Männern oder Frauen dominierten Themenfeld zu verschaffen. Beispiele: ■ *eine Podiumsdiskussion zu sicherheits- oder energiepolitischen Fragen, bei der die Hälfte des Podiums mit Expertinnen besetzt ist, obwohl es bisher nicht möglich war, genügend Frauen für diesen Themenkomplex zu finden;* ■ *oder eine Podiumsdiskussion zur Sorgeökonomie oder zu Erziehungsfragen, an der auch Männer als Experten teilnehmen, obwohl bisher keine zu gewinnen waren.*
G-1.1	**Implizite geschlechterpolitische Zielsetzung in Teilbereichen der Maßnahme**, d.h. Teilbereiche der Maßnahme/des Projekts haben ableitbare positive Auswirkungen auf die Geschlechterverhältnisse. Geschlechtergerechtigkeit und/oder Geschlechterdemokratie ist eine implizite Zielsetzung, die in Teilbereichen der Maßnahme umgesetzt wird. Kriterien/Begründungen: ■ Themen bzw. Inhalte werden in Teilbereichen der Maßnahme gender-sensibel aufbereitet. Gender-Aspekte oder -Perspektiven werden integriert. Das zeigt sich z.B. in der Auswahl und Formulierung der Frage-/Themenstellungen. ■ Die Maßnahme/das Projekt ist darauf ausgerichtet, frauen-, männer-, geschlechter- oder LSBTI-spezifische Themen in regelmäßigen Abständen zu thematisieren, ohne den Anspruch oder die Möglichkeit zu haben, sie durchgehend zu einem gesellschaftlich relevanten Thema zu machen.

Beispiele:
- *ein Filmfestival zum Thema «Neue Räume für den iranischen Film», bei dem in einem Block nur Filme aus einer weiblichen Perspektive dargestellt und daran eine Podiumsdiskussion mit den Filmemacherinnen angeschlossen wurden;*
- *Radiosendungen, die in gewissen Abständen geschlechterbezogene Themen ansprechen und/oder Beiträge von Frauen senden, die ihre geschlechterspezifische Sichtweise widerspiegeln.*

G-1.2 — **Implizite geschlechterpolitische Zielsetzung** bezogen auf die **gesamte Maßnahme**, d.h. die Maßnahme/das Projekt als Ganzes hat ableitbare positive Auswirkungen auf die Geschlechterverhältnisse. Geschlechtergerechtigkeit und/oder Geschlechterdemokratie sind implizite Zielsetzung der gesamten Maßnahme. Auch hier sind die Geschlechterverhältnisse nicht vorrangige Themenstellung der Maßnahme, der Gender-Ansatz wird aber im Ziel sichtbar gemacht.

Kriterien/Begründungen:
- Die Maßnahme/das Projekt setzt die komplizierten Wechselbeziehungen zwischen Staat, Wirtschaft und Gesellschaft auch in Bezug zu den Geschlechterverhältnissen und analysiert entsprechend die unterschiedliche Teilhabe der Geschlechter an Entscheidungen und Ressourcen.
- Themen bzw. Inhalte werden in der gesamten Maßnahme gender-sensibel aufbereitet. Gender-Aspekte oder -Perspektiven werden durchgehend integriert. Das zeigt sich z.B. in der Auswahl und Formulierung der Frage-/Themenstellungen und wird in der Dokumentation u.a. aufgrund von gender-sensiblen Kriterien/Indikatoren erläutert.

Beispiele:
- *Maßnahmen, die unterschiedliche Auswirkungen der Ressourcenausbeutung auf verschiedene Geschlechter ergründen und thematisieren. Das könnte auch eine Befähigung von Frauen beinhalten, sich in diesen Themenkomplex einzuarbeiten. In Abgrenzung zu G.2.2 steht aber das Thema Ressourcenausbeutung im Vordergrund der Maßnahme;*
- *Maßnahmen zum Thema Stadt- und Landentwicklung, die unterschiedliche Interessen von Frauen und Männern integrieren.*
- *Maßnahmen, die den Beitrag von Frauen und Männern zu einer gesellschaftspolitischen und gewaltfreien Entwicklung einer Region thematisieren.*

G-2 — **Geschlechtergerechtigkeit und/oder Geschlechterdemokratie** sind **explizite Zielsetzung** der Maßnahme/des Projekts.
(Es muss eine der unten ausgeführten G-2.1, G-2.2, G-2.3 oder G-2.4 Kennungen ausgewählt werden.)

G-2.1 — Es sind **mehrere Geschlechtergruppen** angesprochen oder es stehen **die Verhältnisse zwischen diesen Gruppen** im Fokus der Maßnahme.

Kriterien/Begründungen (wahlweise zutreffend):
- Die Maßnahme/das Projekt ist explizit darauf ausgerichtet, einen Beitrag zum Abbau von gender-bezogenen Benachteiligungen zu leisten. Es initiiert oder unterstützt gesellschaftliche Veränderungsprozesse, die die Geschlechtergerechtigkeit und/oder die Demokratisierung der Geschlechterverhältnisse zum Ziel haben.
- Alle relevanten (Geschlechter-)Gruppen werden bei Planung und Durchführung einbezogen und können entsprechend ihrer Interessen Einfluss nehmen.
- Geschlechterpolitische Fragestellungen und Themen bzw. Inhalte werden explizit bearbeitet und im Kontext der gesellschaftlichen Geschlechterverhältnisse als Ganzes bearbeitet.

- Das Projekt trägt zum Abbau gender-bezogener, benachteiligender Strukturen in Organisationen und Institutionen bei (z.B. durch Gender-Mainstreaming, Gender-Kompetenzentwicklung).

Beispiele:
- *Maßnahmen, die sich mit religiösen und kulturellen Symbolen und ihrer Bedeutungszuordnung in dichotomen Ordnungsverhältnissen sowie ihrer damit verbundenen geschlechterpolitischen Dimension in einer Gesellschaft auseinandersetzen;*
- *Workshops oder Analysen zu geschlechterpolitischen Verhältnissen einer Gesellschaft;*
- *Kunstausstellungen, die sich mit Geschlechterstereotypen auseinandersetzen.*

G-2.2

Empowerment von Frauen/Frauenpolitik ist **explizite Zielsetzung** der Maßnahme/des Projekts.

Kriterien/Begründungen (wahlweise zutreffend):
- Die Maßnahme/das Projekt ist explizit darauf ausgerichtet, einen Beitrag zum Abbau von Benachteiligung und Diskriminierung von Frauen (in ihrer Vielfalt) und zur Stärkung ihrer Handlungskompetenzen zu leisten. Es initiiert oder unterstützt **längerfristige gesellschaftliche Veränderungsprozesse**, die gleichberechtigte gesellschaftliche Teilhabe von Frauen zum Ziel haben. Frauen werden bei Planung und Durchführung der Maßnahme/des Projektes einbezogen und können entsprechend ihrer Interessen, Einfluss auf die Ausgestaltung des Projekts nehmen.
- Frauenpolitische Fragestellungen und Themen bzw. Inhalte werden explizit bearbeitet und in einen **gesamtgesellschaftlichen und geschlechterpolitischen Kontext** gestellt.
- Das Projekt trägt zum Abbau frauenbenachteiligender Strukturen bei.

Beispiele:
- *Maßnahmen zur Stärkung der Rolle von Frauen in Politik, Gesellschaft, Wirtschaft, Religion, in Friedensprozessen etc. (Teilhabe). Dabei kann es sich um die konkrete Unterstützung von Frauen als Zielgruppen handeln oder um eine Veranstaltung/Publikation über frauenpolitische Positionen/Ansätze und die gesellschaftspolitische Veränderungen, die sie erreichen konnten;*
- *Maßnahmen zur Stärkung des Zugangs von Frauen zu Ressourcen (z.B. erneuerbare Energien);*
- *Maßnahmen, die geschlechterbasierte Gewalt gegen Frauen thematisieren;*
- *Maßnahmen, die die Rechtsdurchsetzung zugunsten von Frauen fördern.*

G-2.3

Sensibilisierung und Aktivierung von Männern für Geschlechtergerechtigkeit und/oder Geschlechterdemokratie/**Männerpolitik** ist **explizite Zielsetzung** der Maßnahme/des Projektes.

Kriterien/Begründungen (wahlweise zutreffend):
- Die Maßnahme/das Projekt ist explizit darauf ausgerichtet, einen Beitrag zur Sensibilisierung und Aktivierung von Männern für geschlechtergerechte und/oder geschlechterdemokratische Verhältnisse zu leisten. Es initiiert oder unterstützt gesellschaftliche Veränderungsprozesse, die die gleichberechtigte gesellschaftliche Teilhabe von Männern und Frauen zum Ziel haben und in denen insbesondere Männer maßgebliche Akteure sind.
- Die Maßnahme/das Projekt ist explizit darauf ausgerichtet, einen Beitrag zum Abbau gender-bezogener Benachteiligungen von Männern zu leisten. Männerpolitische Fragestellungen und Themen bzw. Inhalte werden explizit bearbeitet und in einen gesamtgesellschaftlichen und geschlechterpolitischen Kontext gestellt.

Beispiele:
- *Maßnahmen mit Tätern im Feld häuslicher und/oder geschlechtsspezifischer Gewalt, mit verschiedenen Männern zum Thema (gewaltfreie) Männlichkeit,*

	mit lokalen männlichen Autoritäten zum Gleichberechtigungsansatz oder mit männlichen Entscheidungsträgern zur Beteiligung von Frauen bei Konfliktprävention und -lösung; ■ Aktivitäten im Zusammenhang mit der Abschaffung von Wehrpflicht/Einführung des Rechts auf Kriegsdienstverweigerung, HIV/Aids- und Gesundheitsprävention oder der Integration von Männern in den Erziehungssektor; ■ Erstellung eines Männergesundheitsberichts, Gesundheitsprävention für Männer als Teil gesundheitspolitischer Aktivitäten.
G-2.4	Die **Unterstützung von LSBTI-Gruppen** und/oder **LSBTI-Politik** sind **explizit Zielsetzung** der Maßnahme/des Projektes.[78] Kriterien/Begründungen (wahlweise zutreffend): ■ Die Maßnahme/das Projekt ist explizit darauf ausgerichtet, einen Beitrag zur Anerkennung der Rechte und Verbesserung der gesellschaftlichen Situation von Menschen mit LSBTI-Identität sowie zum Abbau von Diskriminierungen aufgrund der sexuellen Orientierung und/oder geschlechtlicher Identität zu. ■ Benachteiligungen aufgrund der sexuellen Orientierung und/oder Geschlechtsidentität werden durch die Maßnahme/das Projekt aktiv bekämpft. Menschen mit LSBTI-Identität bzw. LSBTI-(Partner-)Organisationen werden bei Planung und Durchführung der Maßnahme/des Projektes einbezogen und können entsprechend ihrer Interessen Einfluss nehmen. ■ LSBTI-Fragestellungen und Themen bzw. Inhalte werden explizit bearbeitet und in einen gesamtgesellschaftlichen und geschlechterpolitischen Kontext gestellt. ■ Benachteiligende Strukturen für LSBTI-Menschen in Organisationen und Institutionen werden wahrgenommen und benannt. Das Projekt trägt zum Abbau von Strukturen bei, die LSBTI-Menschen in Organisationen und Institutionen benachteiligen. Beispiele: ■ Maßnahmen zur Thematisierung von Hate Crimes, der Unterstützung von Initiativen zur Realisierung eines Gesetzes zu Intersexualität oder der Abschaffung von Homosexualität als Straftatbestand; ■ Capacity Building und Netzwerkarbeit mit und für LSBTI-Aktivist/innen; ■ Kampagnen, die die Bedeutung der Durchsetzung von Menschenrechten für LSBTI-Gruppen für die allgemeine Menschenrechtsarbeit herausstellen.

---

[78] LSBTI steht für lesbisch, schwul, bisexuell, transgeschlechtlich, intergeschlechtlich.

9.5.2 Handreichung zum Lesen von Jahresberichten in der internationalen Zusammenarbeit (Heinrich-Böll-Stiftung)[79]

Wie gender-sensibel ist ein Jahresbericht? Teste es anhand folgender Kriterien:

Tabelle 65

Sprache	■ Wird geschlechtergerechte bzw. geschlechtersensible Sprache verwendet?
Politische Entwicklungen	■ Werden für die Geschlechterverhältnisse bzw. einzelne Geschlechtergruppen (z.B. junge/alte Frauen/Männer aus bestimmten Schichten und/oder mit bestimmtem kulturellen oder ethnischen Hintergrund, Menschen mit LGBTI-Identität etc.) bedeutsame politische Entwicklungen beschrieben (z.B. Heiratsgesetz in Afghanistan, Art der Zusammensetzung von Parlamenten nach Wahlen, Auswirkungen der Flut in Pakistan auf Landfrauen ...)? ■ Welche Quellen werden für diese Analyse genutzt? Sind auch Quellen darunter, die sich mit geschlechterpolitischen Fragestellungen befassen? Hat der/die Gender-Focal-Point noch Tipps für Quellen? ■ Gibt es eine Gender-Analyse, z.B. ein Gutachten in der Gender-Komponente? Ist der Bezug zum Gutachten hergestellt?
Das Programm und seine Oberziele	■ Werden explizit geschlechterbezogene Ziele beschrieben? ■ Sind diese konkret oder eher allgemein (unter Berücksichtigung von ...) formuliert?
Darstellung der Programmkomponenten	Analyse der im Berichtszeitraum erzielten Wirkungen: ■ Gibt es Empowermentprojekte, Frauenprojekte/-fördermaßnahmen, männer-/männlichkeitsbezogene Aktivitäten im Berichtszeitraum? ■ Werden LGBTI-Maßnahmen genannt? ■ Wird ggf. erläutert, warum diese nicht benannt werden? ■ Spiegeln sich die in den Programmzielen formulierten geschlechterbezogenen Ziele in der Beschreibung der Aktivitäten und bei der Bewertung der erreichten Ziele wider? ■ Wie viele Publikationen mit Gender-Bezug wurden im Berichtsjahr publiziert? Gründe für die evtl. Nichterreichung der Projektziele: ■ Spiegeln sich die in den Programmzielen formulierten geschlechterbezogenen Ziele in der Beschreibung der nicht erreichten Ziele wider? ■ Werden Gründe genannt, wenn und warum Maßnahmen ohne Gender-Relevanz stattfanden? Eigenleistungen der Partnerorganisation(en) und eigenverantwortliche Durchführung: ■ Wenn nicht nur Organisationen benannt werden, sondern auch Personengruppen: Werden alle beteiligten Personengruppen genannt? Wer fehlt? Warum?

[79] Erarbeitet im Rahmen eines Workshops zur kollegialen Beratung in der Stiftung, 2011.

	Planungsvorhaben für den folgenden Berichtszeitraum: ■ Werden bezogen auf erreichte bzw. nicht erreichte geschlechterbezogenen Ziele Konsequenzen für zukünftige Planungsvorhaben gezogen?
Empfehlungen aus Monitoring und Evaluierung/Einhaltung von Auflagen	■ Waren Gender-Aspekte/Gender-Fragestellungen Teil des Monitoring, der TORs der Evaluation? ■ Wurde unter diesen Aspekten evaluiert und sind die Ergebnisse ausreichend und nachvollziehbar dargestellt? ■ Wurde ein_e Gutachter_in mit Gender-Qualifikation ausgewählt?
Kurze Darstellung der Tätigkeit des Auslandspersonals	■ Wurden von Seite der AMA/Ortskraft an Gender-WS/-Konferenzen, etc. teilgenommen?
Geplante strukturelle und personelle Veränderungen	■ Auswirkungen auf die Mitarbeiterinnen und Mitarbeiter? Wer profitiert wovon? Wer nicht? Gibt es sachliche Gründe dafür? ■ Auswirkungen auf Partnerorganisationen? Welche profitieren wovon? Welche nicht? Sind Organisationen, die sich mit Gender-Fragen befassen besonders betroffen? Gibt es sachliche Gründe dafür?
Gesamtbewertung und Ausblick	■ Fließen die in den vorgenannten Punkten benannten Gender-Aspekte in die Gesamtbewertung ein? Sind sie Thema?

9.6 Leitfragen zur allgemeinen Projektplanung[80]

Sind ganzheitliche Gender-Diversity-Analysen hinsichtlich der potentiellen Zielgruppen (in ihrer Vielfalt) des Projekts vorgenommen worden?

✓ Geschlechtsspezifische Arbeitsteilung zwischen Frauen und Männern in ihrer Vielfalt

Wer macht was auf produktiver, reproduktiver und gemeinschaftlicher Ebene?

✓ Arbeitskalender von Frauen und Männern (in ihrer Vielfalt)

Wer macht was zu welcher Zeit des Jahres?

✓ Verwendung der Zeit von Frauen und Männern (in ihrer Vielfalt)

Was tun Frauen und was tun Männer an einem normalen 24-Stunden-Tag?

---

[80] Angela Meentzen/Enrique Gomáriz: Studie über die Umsetzung von Geschlechterdemokratie in Projekten der Heinrich-Böll-Stiftung

✓ Zugang zu und Kontrolle über materielle und nicht-materielle Ressourcen von Frauen und Männern in ihrer Vielfalt

> Wer besitzt was?
> Wer benutzt was im jeweiligen Alltag?
> Wer nutzt, kontrolliert und verfügt über die Ressourcen unabhängig vom Partner/ von der Partnerin?
> Welches Bildungsniveau haben Frauen und Männer erreicht? Gibt es Unterschiede bei der Betrachtung der Analysekategorie Gender in Verbindung mit anderen Vielfalts-Kriterien?
> Wer erzielt monetäre Einkommen durch was?
> Wer hat größere Möglichkeiten zur Schaffung monetärer Einkommen?
> Wer hat größere Möglichkeiten zur Schaffung nicht-monetärer Einkommen?
> Wofür wird das Einkommen von Frauen im Vergleich zum Einkommen von Männern verwendet? (in Verbindung mit anderen Vielfalts-Kriterien)

✓ Qualifikation und Fähigkeiten von Frauen und Männern in ihrer Vielfalt

> Welche Qualifikation und welche Fähigkeiten haben Frauen?
> Welche Qualifikation und welche Fähigkeiten haben Männer?

✓ Praktische Bedürfnisse und strategische Interessen von Frauen und Männern[81]

> Welche praktischen Bedürfnisse haben Frauen ausgehend von den traditionellen Frauenrollen? Welche Veränderungen sind feststellbar? Welche Vielfältigkeit gib es?
> Welche strategischen Bedürfnisse haben Frauen in ihrer Vielfalt?
> Welche praktischen Bedürfnisse haben Männer ausgehend von ihren Geschlechtsrollen? Welche beziehen wir ein?

---

[81] Die praktischen Bedürfnisse der Frauen stehen in direktem Zusammenhang mit der Veränderung ihrer Situation oder der Lebensqualität von Frauen und ihren unmittelbaren Bedürfnissen im Zusammenhang mit ihren Rollen, insbesondere in der Reproduktion, aber auch in der Produktion und auf gesellschaftlicher Ebene. Die praktischen Bedürfnisse der Männer stehen in direktem Zusammenhang mit ihren unmittelbar notwendigen Bedürfnissen zur Erfüllung ihrer geschlechtsspezifischen Rollen. Die strategischen Interessen der Frauen oder Männer beziehen sich auf die Hauptaspekte, die zur Unterordnung und Diskriminierung von Frauen oder zu einer Benachteiligung von Männern führen. Sie sind daher auf Alternativvorschläge zur Lösung der Situation der Ungleichberechtigung von Frauen und Männern sowie auf die Förderung demokratischerer Geschlechterverhältnisse ausgerichtet, wie z.B. durch die Abschaffung der geschlechts-spezifischen Arbeitsteilung oder jeglicher Form von institutionalisierter Diskriminierung, durch gleiches Recht auf Besitz von Land oder Gütern, auf Zugang zu Krediten, auf politische Partizipation, und auf Zugang zu Maßnahmen gegen männliche Gewalt und Kontrolle über Frauen usw.

Welche strategischen Bedürfnisse haben Männer in ihrer Vielfalt?

✓ Beteiligung von Frauen und Männern (in ihrer Vielfalt) an der Entscheidungsfindung auf Beziehungs-, Familien- und Gemeinschaftsebene, in der Arbeitswelt, auf politischer Ebene etc.

Wer entscheidet was? (Wohnort? Was wird produziert? Was wird verkauft? Anzahl der Kinder? Erziehung der Kinder? Was wird gegessen? Arbeitsbereich und Arbeitsort? Wie wird abgestimmt? Übernahme eines politischen Amtes etc.?)

✓ Gemeinsame Interessen und Präferenzen von Männern und Frauen (in ihrer Vielfalt) sowie gegensätzliche Interessen und Präferenzen von beiden

Welche Prioritäten setzen Frauen, und welche Prioritäten setzen Männer im Hinblick auf Entwicklungsmaßnahmen? Stimmen sie überein, unterscheiden oder widersprechen sie sich?

✓ Haltungen und Erwartungen von Frauen und Männern zu notwendigen und erhofften Veränderungen in den Geschlechterverhältnissen sowie zur realen Dynamik der Veränderungen in den Geschlechterverhältnissen

Wie haben sich die Geschlechterverhältnisse verändert?
Welche Veränderungserwartungen haben Frauen an Männer, und welche Veränderungserwartungen haben Männer an Frauen?

✓ Hindernisse bei der Überwindung von Ungleichheiten in den Geschlechterverhältnissen auf normativ-rechtlicher Ebene, auf der Ebene der sozialen Dienstleistungen, des Einkommensniveaus, der Werte und der monetären Bewertung, auf steuerlicher Ebene, im Zugang zum Bildungs- und Berufsbildungssystem etc.

Welche strukturellen Aspekte erschweren die Annäherung an ausgewogenere Geschlechterverhältnisse?

✓ **Wesensmerkmale des Projekts**

> Auf welche Gruppe von Frauen und auf welche Gruppe von Männern ist das Projekt direkt oder indirekt ausgerichtet?
> Auf welche Bedürfnisse von Frauen und Männern ist das Projekt ausgerichtet? Handelt es sich um produktive, reproduktive oder gemeinschaftliche, um praktische oder strategische Bedürfnisse?
> Welche Veränderungserwartungen im Hinblick auf die Geschlechterverhältnisse von Frauen und Männern werden vom Projekt berücksichtigt?
> Auf welche strukturellen Aspekte ist das Projekt ausgerichtet (legale, öffentliche, Dienstleistungsebene etc.)?

Tabelle 66: Checkliste

	Zusammenfassende Projektbeschreibung	Objektiv überprüfbare Indikatoren (Unterziele)	Kontrollmöglichkeiten	Wichtige Voraussetzungen
Oberziel	Fragen für die Ziele der Checkliste für allgemeine Projekte verwenden	Ist es möglich, den Hauptindikator des Oberziels geschlechterdifferenziert zu formulieren? Kann dem Hauptindikator ein spezifischer geschlechterdifferenzierter Indikator zugeordnet werden?	Beschaffung von geschlechtsspezifischen Daten für die Überprüfung des Indikators. Das Projekt beschafft, bzw. vervollständigt alle vorhandenen geschlechtsspezifischen Daten. Eigenerhebung aller Projektdaten nach Geschlechtern differenziert kombiniert mit anderen Diversity-Kriterien	Entsprechend der Gender-Diversity-Analyse, welche äußeren Faktoren sind für die Beibehaltung eines gender-differenzierten Oberziels notwendig?
Projektziele	Fragen für die Ziele der Checkliste für allgemeine Projekte verwenden	Ist es möglich, den Hauptindikator jedes Projektziels geschlechterdifferenziert zu formulieren? Kann jedem Hauptindikator ein spezifischer geschlechterdifferenzierter Indikator zugeordnet werden?	Beschaffung von geschlechtsspezifischen Kontrolldaten für jedes Projektziel. Das Projekt beschafft bzw. vervollständigt alle vorhandenen geschlechtsspezifischen Daten	Entsprechend der Gender-Diversity-Analyse, welche äußeren Faktoren sind für die Beibehaltung jedes Projektziels in gender-differenzierter Form notwendig?

		Für den Fall eines gender-orientierten Projektziels, drückt der gewählte Indikator in angemessener Weise die Erreichbarkeit des angestrebten Ziels aus?	Eigenerhebung aller Projektdaten nach Geschlechtern differenziert	
Ergebnisse	Fragen für die Ergebnisse der Checkliste für allgemeine Projektplanung entnehmen	Ist es möglich, den Hauptindikator jedes Ergebnisses geschlechterdifferenziert zu formulieren? Kann jedem Hauptindikator ein spezifischer geschlechterdifferenzierter Indikator zugeordnet werden? Für den Fall eines gender-orientierten Projektziels, drückt der gewählte Indikator in angemessener Weise die Erreichbarkeit des angestrebten Ziels aus?	Beschaffung von geschlechtsspezifischen Kontrolldaten für jedes Ergebnis Das Projekt beschafft, bzw. vervollständigt alle vorhandenen geschlechtsspezifischen Daten Eigenerhebung aller Projektdaten nach Geschlechtern differenziert	Entsprechend der Gender-Diversity-Analyse, welche Faktoren sind für die gerechte Verteilung der Auswirkungen und des Nutzens jedes Ergebnisses für Frauen und Männer notwendig? Welche Faktoren sind notwendig, damit indirekte negative Auswirkungen der einzelnen Ergebnisse auf Frauen und Männer vermieden werden können?
Aktivitäten	Fragen für die Aktivitäten der Checkliste für allgemeine Projekte entnehmen	Ist es möglich, den Hauptindikator jeder Aktivität geschlechterdifferenziert zu formulieren? Kann jedem Hauptindikator ein spezifischer geschlechterdifferenzierter Indikator zugeordnet werden? Für den Fall einer gender-orientierten Aktivität, drückt der gewählte Indikator in angemessener Weise die erfolgreiche Durchführung der Aktivität aus?	Beschaffung von geschlechtsspezifischen Kontrolldaten für jede Aktivität Das Projekt beschafft, bzw. vervollständigt alle vorhandenen geschlechtsspezifischen Daten Eigenerhebung aller Projektdaten in geschlechterdifferenzierter Form	Welche äußeren Faktoren sind nach der Gender-Analyse notwendig, damit Frauen und Männer die vorgesehenen allgemeinen wie auch gender-bezogenen Aktivitäten erfüllen können?

LITERATUR- UND MATERIALHINWEISE

ABDUL-HUSSAIN, Surur: Gender-Kompetenz in Supervision und Coaching, VS Verlag, Wiesbaden 2012
AHRENS, Petra/Geppert, Jochen: Informationen: Gute Beratung – wie funktioniert das? Berlin, März 2005
ARETZ, Hans-Jürgen/Hansen, Katrin: Diversity und Diversity-Management im Unternehmen. In: *Managing diversity*. Bd. 3, Lit Verlag, 2002
BARGEN, von Henning/Schambach, Gabriele: Vielfalt bildet – Gender-Aspekte beim Neubau der Heinrich-Böll-Stiftung. In: Barbara Zibell (Hrsg.), Gender Building, Frankfurt/M. 2009
BERGMANN Nadja/Pimminger, Irene. In: *www.gem.or.at* (GeM-Koordinationsstelle für Gender-Mainstreaming im ESF, L& R Sozialforschung, Wien 2004).
BLICKHÄUSER, Angelika/von Bargen, Henning: Qualität durch Gender-Kompetenz. Ein Wegweiser für Gender-Training und -Beratung in Gender-Mainstreaming-Prozessen, Hrsg. von der Heinrich-Böll-Stiftung, Königstein/Ts. 2006
BISCHOF, Lukas/Assenmacher, Brankcia: Chancengleichheit im Fokus der Qualitätssicherung – Probleme und Möglichkeiten in der Umsetzung eines Akkreditierungsverfahren, Qi! 1/2013
BUNDESARBEITSKREIS ARBEIT UND LEBEN: Gender-Check, eine Aktion zur Förderung der Balance von Beruf und Privatleben für Frauen und Männer in Europa, European Training Network (ETN), Wuppertal 2007
BUNDESMINISTERIUM FÜR BILDUNG UND FORSCHUNG: Gender-Aspekte in der Forschung, Discover Gender, ein Projekt der Fraunhofer-Gesellschaft gefördert durch das BMBF
BUNDESMINISTERIUM FÜR FAMILIE, SENIOREN, FRAUEN UND JUGEND: Familienorientierte Personalpolitik, Checkliste, S. 37. Die Checkliste wurde von uns im Rahmen von Gender-Trainings modifiziert eingesetzt.
BUNDESMINISTERIUM FÜR FAMILIE, SENIOREN, FRAUEN UND JUGEND (Hg.): Gender-Mainstreaming – was ist das? Berlin 2002
BUNDESMINISTERIUM FÜR FAMILIE, SENIOREN, FRAUEN UND JUGEND, Checkliste Gender-Mainstreaming bei Maßnahmen der Presse- und Öffentlichkeitsarbeit, Berlin 2005
BUNDESMINISTERIUM FÜR FAMILIE, SENIOREN, FRAUEN UND JUGEND: Leitfaden Gender-Mainstreaming im Europäischen Sozialfonds. Erstellt von Henriette Meseke, Compass GmbH Bremen, unter Mitwirkung von Regina Frey, Berlin
DIE GRÜNEN IM LANDTAG NRW: Sperriger Name – lohnendes Ziel: Gender-Budgeting, Dokumentation einer Veranstaltung im September 2003, Düsseldorf 2003
DÖGE, Peter: Gender-Mainstreaming als Modernisierung von Organisationen. Ein Leitfaden für Frauen und Männer. Institut für anwendungsorientierte Innovations- und Zukunftsforschung e.V., IAIZ-Schriften Bd. 2, Berlin 2002
DOYE, Sabine/Heinz, Marion/Kuster, Friederke: Philosophische Geschlechtertheorien, ausgewählte Texte von der Antike bis zur Gegenwart, Reclam, Stuttgart 2010
EHLERT, Gudrun: Gender in der sozialen Arbeit, Konzepte, Perspektiven, Basiswissen, Wochenschau Verlag, Schwalbach 2012
EUROPEAN INSTITUTE FOR GENDER EQUALITY: Mapping gender training in the European Union and Croatia, Synthesis report, March 2013 (http://eige.europa.eu)
EUROPEAN INSTITUTE FOR GENDER EQUALITY: The Involvement of Men in Gender Equality Initiatives in the European Union, Study report, Luxembourg 2012
EUROPÄISCHE KOMMISSION: Technisches Papier 3, Einbeziehung der Chancengleichheit von Frauen und Männern in die Strukturfondsmaßnahmen, 2000

EUROPÄISCHE KOMMISSION, Generaldirektion Beschäftigung, Arbeitsbeziehungen und soziale Angelegenheiten, Referat V/D.5: Leitfaden zur Bewertung geschlechtsspezifischer Auswirkungen, Gleichbehandlung von Frauen und Männern, Luxemburg 1997

FISCHER, Veronika/Kallinikidou, Desbina/Stimm-Armingeon, Birgit: Handbuch der interkulturellen Gruppenarbeit, Wochenschau Verlag, Schwalbach 2006

FISCHER, Veronika/Springer, Monika/Zacharaki, Ionna (Hg.): Interkulturelle Kompetenz Fortbildung – Transfer – Organisationsentwicklung, dehus Pädagogik, 2005

FREY, Regina: Leitfaden zur Integration von Gleichstellung. Gender-Mainstreaming in Interessensbekundungen des Programms «weiter bilden», Stand: 25.7.2011, Agentur für Gleichstellung im ESF, weiter bilden, Initiative für berufsbegleitende Bildung

GENDER KOMPETENZ ZENTRUM AN DER HU-BERLIN, Dokumentation einer Fachtagung zu Gender-Mainstreaming in der Bundesverwaltung, Juli 2002, www.genderkompetenz.info

GEMEINNÜTZIGE HERTIE-STIFTUNG (Hg.): Mit Familie zum Unternehmenserfolg. Impulse für eine zukunftsfähige Personalpolitik. Frankfurt am Main 1998

GERBER, Elisabet/Stiegler, Barbara: Gender an der Macht? Über die Bedeutung von Geschlecht in politischen Spitzenpositionen am Beispiel von Deutschland, Chile, Argentinien und Spanien; Ergebnisbericht einer Tagung in Santiago/Chile; Hrsg.: Abteilung Wirtschafts- und Sozialpolitik der Friedrich-Ebert-Stiftung, Bonn 2009

GIZ, BMT und Freie Universität Berlin: Gender & Diversity-Strategien, Entwicklungszusammenarbeit und Perspektiven postkolonialer Theorie, Kritik, Konzepte, Praxen, Netzwerke, Berlin, Dokumentation einer Tagung am 6. und 7. Mai 2011

GOETZ, A.M. (Hg.): Die Gender-Archäologie von Organisationen und Institutionen. In: *Getting Institutions Right for Women in Development*, London 1997 (Übersetzt von Edda Kirleis)

GUMPERT, Heike: Wenn die Töchter nicht mehr pflegen... Geschlechtergerechtigkeit in der Pflege, FEST, Bonn 2009

HERPERS, Martine: Erfolgsfaktor Gender-Diversity, ein Praxisleitfaden für Unternehmen, Haufe-Lexware Freiburg 2013

INSTITUT FÜR SOZIAL-ÖKOLOGISCHE FORSCHUNG (ISOE), Landesbeirat für Weiterbildung in Rheinland Pfalz: Gender-Mainstreaming in der Qualitätsentwicklung für Weiterbildungsorganisationen, Ergebnisse einen Modellprojekts, Mainz 2003

KNOLL, Bente/Szalai, Elke: Blickpunkt Gender, ein Leitfaden zur Mediengestaltung herausgegeben vom Bundesministerium für Land- und Forstwirtschaft, Umwelt und Wasserwirtschaft Wien, 2006, in der Fassung von A. Blickhäuser/Henning von Bargen

KRELL, Gertraude (Hg.): Chancengleichheit durch Personalpolitik. 4. Auflage. Wiesbaden 2004

KRUG, G./Derichs-Kunstmann, K./Bley, N. (Hg.): Methoden der politischen Erwachsenenbildung aus der Perspektive der Geschlechtergerechtigkeit. Materialien aus der Frauen- und Geschlechterforschung Bd. 3, Forschungsinstitut für Arbeiterbildung Recklinghausen, 2000

LANGE, Ralf: Gender-Kompetenz für das Change Management. Gender & Diversity als Erfolgsfaktoren für organisationales Lernen in Transformationsprozessen, Haupt Verlag, Bern 2006

MEENTZEN, Angela: Leitfaden für Frauen- und Geschlechterpolitik, Studie für die Heinrich-Böll-Stiftung Berlin, 2005

MERZ, Veronika u.a.: Salto, Rolle, Pflicht und Kür. Materialien zur Schlüsselqualifikation Gender-Kompetenz in der Erwachsenenbildung. Hrsg. in Zusammenarbeit mit dem Gleichstellungsbüro Basel-Stadt, Zürich 2001

MERZ, Veronika: Salto, Rolle und Spagat. Basiswissen zum geschlechterbewussten Handeln in Alltag, Wissenschaft und Gesellschaft. Hrsg. in Zusammenarbeit mit dem Gleichstellungsbüro Basel-Stadt, Zürich 2001

MINISTERIUM FÜR WIRTSCHAFT UND ARBEIT DES LANDES NRW: Gender im Projektmanagement, Erfahrungsbericht und Materialsammlung für die Praxis, Duisburg 2013

MÖLLER, Heide/Müller-Kalkstein, Ronja (Hg): Gender und Beratung, auf dem Weg zu mehr Geschlechtergerechtigkeit in Organisationen, Göttingen 2014

NICKEL, Rainer (Hg.): Gender Interkulturelle Kompetenz Mediation, das Projekt PRIMA, Friedewald 2005

ROSE, Lotte: Gender-Mainstreaming in der Kinder- und Jugendarbeit. Weinheim und München 2004

STEINWEG, Nina/Dalhoff, Jutta: Handreichung zur Erstellung eines Gleichstellungskonzepts. Handreichung zur Erstellung eines Gleichstellungskonzepts, abgestimmt auf der 2. Sitzung des NRW Gleichstellungsforums, Januar 2013. In: gesis, Leibniz-Institut für Sozialwissenschaften

STIEGLER, Barbara: Gender Macht Politik. 10 Fragen und Antworten zum Konzept Gender-Mainstreaming. Hrsg. von der Abteilung Arbeit und Sozialpolitik der Friedrich-Ebert-Stiftung, Bonn 2002

STIEGLER, Barbara, in: Wie Gender in den Mainstream kommt: Konzepte, Argumente und Praxisbeispiele zur EU-Strategie des Gender-Mainstreaming, Bonn 2000, S. 31. Modifiziert von Angelika Blickhäuser und Henning von Bargen

STIEGLER, Barbara: Gender-Mainstreaming – Postmoderner Schmusekurs oder geschlechterpolitische Chance, Argumente zur Diskussion, Herausgegeben von der Friedrich Ebert Stiftung, 2003

STIEGLER, Barbara: Antidiskriminierung. Erschöpfung in der Geschlechterpolitik. Herausgegeben von der Friedrich-Ebert-Stiftung, 2005

STIFTERVERBAND FÜR DIE DEUTSCHE WISSENSCHAFT, Vielfalt gestalten, Kernelemente eines Diversity-Audits für Hochschulen, Essen

THEUNERT, Markus: Männerpolitik. Was Jungen, Männer und Väter stark macht, Springer VS, 2012

TONDORF, Karin: 10 Prüffragen zur diskriminierungsfreien Überprüfung von Tätigkeiten, zitiert nach ver.di, Tarifpolitische Grundsatzabteilung, 2002

VERBAND ENTWICKLUNGSPOLITIK DEUTSCHER NICHTREGIERUNGSORGANISATIONEN E.V.: Gewusst wie – Gender in der Entwicklungszusammenarbeit, VENRO Gender Handbuch, Bonn 2010

VERBAND ENTWICKLUNGSPOLITIK DEUTSCHER NICHTREGIERUNGSORGANISATIONEN E.V.: Frauenförderung und Gender-Mainstreaming, Perspektiven zur Verwirklichung von Geschlechtergerechtigkeit, Bonn 2007

ZENTRUM FRAU UND BERUF IN TECHNIK: Gender im Projektmanagement, Erfahrungsbericht und Materialsammlung für die Praxis, 2003

Links zu Filmen/Videoclips

Ein Animationsfilm, der mit biologischen Geschlechtsmerkmalen und Geschlechterrollen spielt: *www.youtube.com/watch?v=eQ6MyCVoWvM&feature=youtu.be*

Intersexualität, ARD (2014): *www.ardmediathek.de/tv/W-wie-Wissen/Intersexualit%C3%A4t/Das-Erste/Video?documentId=24605594&bcastId=427262*

Homophobie: *www.bpb.de/mediathek/197284/homophobie-begegnen*

Sexismus: *www.bpb.de/mediathek/202422/sexismus-begegnen*

Sexuelle Vielfalt: *www.youtube.com/watch?feature=player_embedded&v=THHdz20w_n8*

Gender: *www.youtube.com/watch?feature=player_embedded&v=XnqfiIwg2gU*

Männer-Mägüda: *www.youtube.com/watch?v=sLC7dQJkuHQ*

Gender-Mainstreaming in der Kommune: *http://vimeo.com/77671915*

Thema Frauen in Führungspositionen: *www.stmas.bayern.de/frauen/entgelt/kinospot.php*